私・京都100選。

9位京都在地通不藏私推薦，買・吃・逛・遊・住必訪景點

徐銘志——文字・攝影

Private Kyoto

每個旅人都說得出一套頭頭是道的「京都經」，但怎能比得上在地通的私房觀點？銘志這本書，暫時放下旅行者自身的獨斷，精選採訪了九位在各個領域都有代表性的京都達人，忠實紀錄下他們的建議，最終再加上自己的口袋名單，不同於一般旅行指南的隔靴搔癢，而是滿溢著「人」的溫度。連我這個自許了解京都的讀者，都從中發現更多精彩的角落，準備下一次的造訪。

——工頭堅 《旅飯》創辦人暨旅行長

我到過京都二十幾次，這本《私・京都100選》是至今用過的旅遊書最完備的一本。

——李昂 作家

京都，應是世上唯一保存住深遠文化和優雅傳統卻不失現代的城市吧！在京都，永遠對生活細節有無法言喻的讚嘆和依戀，品味料理是挑釁味蕾的絕對驚豔。

漫步在京都，微風徐徐的四月天，倚著鴨川迎著飄落的落櫻，永遠是如幻夢中最浪漫絕美的景致。

銘志生活家，深入京都的生活，帶領人們進入古都的異想世界，他娓娓道來古城的魅力與人們自古對慢活生活的想望。似乎一切的優雅只為靜止的剎那而存在……

——汪麗琴（Grace） 好樣集團執行長

看銘志筆下深層又充滿內涵的京都模樣，提醒我是該買機票去尋找我的落ち着き了！

——吳東龍 設計師、東喜設計負責人

「侘寂」（Wabi Sabi）意味在簡單、粗糙的表相下，表現出內在的平靜與美感。從日本的茶具最容易感受：不那麼渾圓的茶壺配似乎未經處理過樹枝製成的握柄，細細品嚐一口茶。

徐銘志採訪九名京都藝術家，娓娓引領讀者重新

往往只會「過日子」的台灣人，得以略窺「過生活」的京都文化況味。

——**楊子葆** 文化部次長

徐銘志對於旅行和美食的熱情更甚於我，尤其是京都。

曾經我也想在京都小住，一則可以精進自己的日語能力，再就是能夠任意穿梭小巷間享受京都日常。還有，在追櫻、賞楓之際，不只讚嘆廟宇的建築，還能在寺廟裡打坐修禪……而這些，徐銘志都做到了。

非常認同書中提到「三度目」的概念，但是要怎樣才能從祇園、金閣寺之外更認識這座古都呢？徐銘志不藏私的將他京友人的專業與讀者分享，我們才得以以半個在地人的身分，體會京都的侘寂與慢活。

下一次的京都行，或許我們會在某個小門裡相遇，一起喝一杯吧？

我是說咖啡。

——**趙薇** 作家

漫步這個古老的城市，揭開藏於「侘寂」中的另一個京都……令人急著尋找行囊，再次出發。

——**張國立** 作家

京都，不太適合觀光。

如果，你只是停留二三天，坐了tour bus周遊一圈，各大寺院景點走走拍照……這樣的京都，不過是個古蹟很多的古城，而且不小心就遊客太多，太吵……

京都，比較適合散步。

因為京都最美的地方，其實都在一般旅遊雜誌沒寫，觀光客也不會到的地方，不會在地鐵站出口，甚至連走過都可能會錯過的山路小徑。散步或居遊，這城市累積了這幾世代的人文或富貴氣味，其實都藏在百年屋瓦的縫隙裡，當然還有，京都食物的特殊味覺裡。

懂得京都味，才是知道了日本料理的根源和肌理。跟著Eric，漫遊散吃，認識最好的京都。

——**許心怡** 愛飯團執行長

自序

私房京都背後的滿喫世界

火車抵達京都的那一刻，甚至在那之前窗外匆匆而過的景致，是感受不到心之所嚮的京都。拖著行李、趕著時間的旅人在現代化的月台來來往往，有如大劇場的車站建築，不禁也會讓人心生疑問：千年古都的古樸、閒淡、悠長，打哪去了？

古都真正的內涵和氣韻，是在走進小到僅容一輛車通行的靜謐巷弄內、是隱藏在一扇扇木拉門和布簾之後的。

或許文化、或許地理使然，京都對遊人來說，總有些隱蔽。在遊人如織的知名清水寺、祇園、金閣寺之外，多半是一扇扇未知的小門。有的根本不接受一見客（指店家不接待不認識或沒有熟客介紹的人）；有的店內小到十人就客滿；有的低調到根本無從判斷那是什麼樣的店。

就像曾經住在祇園一段時間，對於日日經過一家轉角的關東煮好奇，這一棟兩層建築的店外頭沒擺菜單，布簾上印著店名「蛸長」二字，從外無從窺見內部的蛛絲馬跡。一日，想起在東京銀座吃關東煮的經驗不就是用手指出來的，於是鼓起勇氣拉開了木製拉門。L型吧台約十人的小店，菜單掛在牆上，但沒寫價格。關東煮使用了不少京都才有的限定野菜，九條蔥、蝦芋等，吃得不亦樂乎，是小門後的驚喜。以為關東煮花不到什麼錢？最後，點了七種關東煮和兩杯啤酒的價格也讓我驚訝了，竟然吃了台幣兩千多。

旅途中的冒險固然是樂趣來源，但時間總是匆匆，總不能餐餐日日都充滿未知吧！該走進哪些店、逛哪些景點？如果有好的建議那該多好。

於是，我情商住在京都九位友人伸出援手，掏出他們平常就會造訪的口袋名單。不僅僅是推薦，每個人都還接到不同主題的「考題」：去了心情會變好的地方、老京都的新活力、京都美意識、感受京都款待之處、遠離人群的京都秘境、夜京都……。這些在不同領域工作的道地京都通，對主題侃侃而談，且不費吹灰之力就答題了，絲毫沒有京都人難以打交道之感。

我稱他們是掏心掏肺地回答，根本不擔心愛店、私房景點湧入遊客，自己反而無福消受。循著這些「百選」私房清單玩京都，越玩越上癮，一扇扇門就這樣打開，背後是一個又一個精彩無比的世界。就像，到鮮少人知道的泉湧寺雲龍院，在全日本現存最古老的抄經場抄寫心經，經驗獨特。結束後，則任選寺方一處享用和菓子和抹茶。途中僅此我一遊客，整個寺廟的雅緻與寧靜皆由我獨享。

日文「滿喫」，是我去年在京都這些時間最適切的形容。一有飽餐之意，一有充分享受之意。或許因為發自內心的感動和享受，我總是迫不急待地跟台灣朋友分享這些經驗。

即便二〇一五年為了採訪，我在京都待超過五十天；即便有了這份京都通的京都百選，京都仍然還有許多未知小門，像座寶山取之不盡。看完這本書，也別忘了在旅途中留點時間去探索未知小門後屬於京都的世界。

最後，還是要由衷地感謝這些京都通友人，及從中協助的京都觀光會議局、J&T CONTENTS 株式會社，沒有他們就沒有這本書。

目錄

穿梭京都時光隧道遇見最美的表情

作家——沢田眉香子　014

京都達人×不藏私推薦

京都美意識

未生流笹岡第三代——笹岡隆甫　038

京都達人×不藏私推薦

意想不到的京都秘境

「第三次的京都」總編輯&攝影家——中島光行　058

京都達人×不藏私推薦

百年老鋪與忘記憂愁的好心情

開化堂第六代傳人——八木隆裕 078

京都達人×不藏私推薦

小巧京都的侘寂與民藝

Shikama Fine Arts店主——四釜尚人 102

京都達人×不藏私推薦

以心傳心的京式款待

近又第八代傳人——鵜飼英幸　124

京都達人×不藏私推薦

老京都的新活力

Voice of Kyoto創辦人——宮下直樹　148

京都達人×不藏私推薦

老屋與慢時光，京都缺一不可的靈魂

庵製作公司董事&建築師——黑木裕行　174

京都達人×不藏私推薦

謎樣般京都風流夜

京都達人×不藏私推薦

京都迷悠晃上癮的口袋名單

京都達人×不藏私推薦

穿梭京都
時光隧道
遇見
最美的表情

作家——沢田眉香子

和京都人聊天或採訪的經驗中，時間總像是個關鍵詞，不斷被提及，且以各式各樣的角度。無論是歷經時間淬煉後流傳下來的事物、印刻在某項事物上的時間感，甚至是時間轉移帶來的滄桑之美。時間，可謂京都最美的表情。

京都的時間之美，有如千層派，著實令人著迷。

我們總是帶著偏見、刻板印象，以為千年古都就一定是老屋、古寺、穿著和服的人，事實上，千年古都京都雖有悠悠的歷史，整座城市早已非千年前原貌，而有如一座大型的「穿越劇」現場，有些建築是平安時期保留下來的，有的歷經祝融幾多重建，也有近代明治、江戶時期才加入的。時光長廊夠深夠長，加上保留傳承得宜，於是層層疊疊交織出京都豐富的樣貌。

這也是和自由作家沢田眉香子訪談過程中，我才更加意識到的事情。就像她推薦的國立京都博物館，其中的明治古都館是明治時期一八九七年蓋在方廣寺大佛殿遺址上的（部份，非整館），當時西風東進，整個建築就是巴洛克風；而這幾年才完工的平成知新館，則又是現代簡約的風格，館內陳設的則是歷史上重要的文物。更別說，整個京都從遠古的千年森林、到數百年的寺廟，錯綜複雜。時間產物並陳一起，是軌跡、也是時間況味，更是時間連續不中斷的表現。

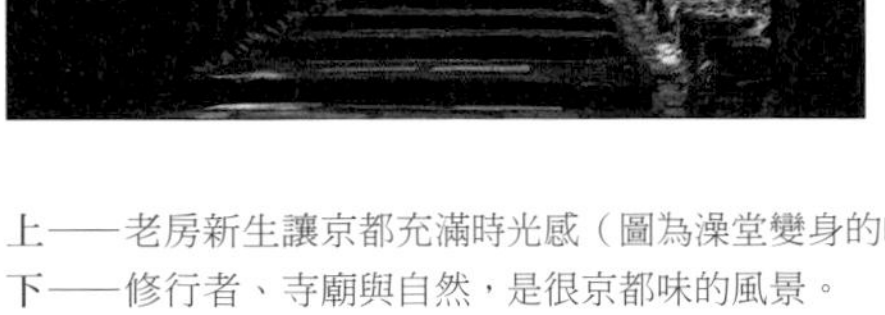

上——老房新生讓京都充滿時光感（圖為澡堂變身的咖啡館）。
下——修行者、寺廟與自然，是很京都味的風景。

或許並非京都土生土長的背景，讓沢田眉香子有雙敏銳的雙眼來觀察這一切。曾經當過《Meets Regional》《L Magazine》雜誌總編輯的她，在二十多年前，就因對京都的鍾愛而買下一棟約十坪大的日式老屋，搬來這兒定居。她坦言，當時的確是個不容易的決定。不僅沒有老屋風潮，就連二次大戰後出生的父母也嚮往現代的住宅，她可是費了一番力氣才說服他們。

移居京都後，沢田眉香子沒有京都人非得堅守傳統價值的包袱，反倒是找出自己詮釋、觀看京都的獨特角度。像她寫的第一本書《京都器皿散步》，介紹了不少專賣骨董器皿的商店，全非傳統印象中有點距離感、高不可攀的骨董店，有的在古民家的土間（無地板的區域）和榻榻米上展示像極展覽空間、有的則擺得滿室盈滿。她說，京都人特別想維持傳統的事物，看到她介紹的這些店家，有京都人甚至帶點固執地表示，「這麼可愛，可不是京都的東西！」

沢田眉香子並沒有氣餒，畢竟這也是她眼中京都的一部分，而且看到京都料理店、年輕料理者等新世代的人對這些老東西也有興趣，她更想製作出讓年輕人愛不釋手的內容，就連書名也都刻意不以日文漢字表現，而以片假名（循例，片假名多用來表示外來語）書寫。

走進這些書裡介紹的骨董店就真的像是乘著時光機一樣去尋寶。好比「幾一里」，老闆荒井徹將自己居住的百年老屋部分改了店家，陶器、木器、字畫等錯落有致的被擺在各自的位置上，店內氣氛幽暗沉穩。隨意拿起一項物品，荒井徹便能略為解釋該物的來源、年代、特色等，彷彿

在東京或追趕流行，或店租成本較高，
反而較少有京都這類個性化的商店。

充滿深邃感的長屋是京都常見的建築形式，往往內外如兩個世界。

就是帶著親切的解說員在逛博物館。

在京都，如同幾一里這樣的小巧骨董店多如牛毛。沢田眉香子說，這些店家的主理人就像是策展人，不僅決定了主題和風格，其審美觀更替一家店注入靈魂。而這也是京都和東京最大的不同處，「在東京或追趕流行，或店租成本高，反而較少有京都這類個性化的商店。」沢田眉香子補充。

有趣的是，在京都骨董和生活就如同好友般形影不離。為數不少的餐廳、咖啡館日日所用的器皿就是骨董，替料理增添了美麗衣著。她也在書中介紹了不少，讓大家看到古器皿和現代生活的融合。

二十多年來，沢田眉香子一面埋首文字介紹著京都，一面卻也看著時間轉移帶來的變化。她回憶，剛搬來京都之時，日本尚未掀起京都熱潮，直到九一一恐怖攻擊後，許多海外日本人回歸日本後，開始玩日本，於是京都熱潮也就跟著水漲

船高。一時之間，各式各樣的京都特刊、專刊紛紛問市，而她受到的邀稿工作也因此源源不絕。當中，又以京都的工藝、平安時代等議題特別受到日本人喜愛。

對沢田眉香子而言，這些邀稿反而讓她看到觀看事物差異性。舉例來說，某個來自東京的雜誌邀稿，因為讀者屬於高社經地位熟女，想形塑的京都形象就是高雅風流的。收到「以當地人會想吃的食物」為題時，她想推薦裝在塑膠容器的食物，卻被拒絕。原來，在他們讀者眼中的京都食物是盛裝在美麗的竹製容器中的。

這也提醒著我們，如同時間的多元層次，京都也揉合著各式各樣的文化和生活樣貌，不能總是以刻板印象來觀看。就像，京都人喝咖啡比喝抹茶來得多上許多。京都人的早餐並不是和食，而是來上一塊土司搭配咖啡……。

「京都，是個旅遊指南介紹不完的都市。」沢田眉香子一語道盡京都在文化、內涵、景點上的富饒。這樣的城市唯有讓自己保持一雙對凡事新鮮的雙眼，才能夠理解得更多。另一方面，這樣的城市沒有帶什麼東西、知識，也能玩得很開心，畢竟俯拾皆是文化，轉角就有驚喜。她甚至表示，雖然自己從事的是旅遊、文化寫作，但對旅人而言，這並不是必須品。

說到這個，我們倆都大笑了。當然正在讀文章的你，可以立刻將這本書拋之腦後，不過隨著沢田眉香子的腳步，解讀京都時間，實際穿梭在各種時光片刻之中，時而欣賞時間凝結之美，時而感受歷史的恢宏，則又是另一番過癮的滋味。

《京都器皿散步》

出版社——如何出版社
作者——沢田眉香子
定價——290元

01

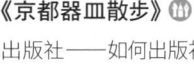

02 泉湧寺・雲龍院

日本現存最老抄經場 抄經吃和菓子

泉湧寺・雲龍院

地址——京都市東山區泉湧寺山內町36
電話——075-541-3916
開放時間——09:00~17:00

在京都寺廟裡拿著毛筆抄寫經書是個有趣的體驗，一筆一劃的書寫過程，其實也讓心慢慢地靜下來，更能領略感受到寺廟裡的美好。有名的苔寺（西芳寺）更要所有參觀寺廟的人得先完成抄經，才能開始參觀。眾多提供抄經的寺廟中，就屬泉湧寺雲龍院最有氛圍。首先，泉湧寺雲龍院就位在山頭，公車站下車後還得一路爬坡向上才能抵達，媒體報導的少、人煙並不多，清幽感讓抄經變得理所當然。

很少人提到的是，這裡竟然是日本現存最古老的抄經場，沒有之一。抄寫經書在這裡是神聖的。寺方人員會先在你的頭上灑上聖水，請你拿起香灰抹在雙手以潔淨身體，最後還需要將丁香含在嘴裡，直到經書抄寫完畢。據說，這樣抄寫經書的人連話都不能說。提著毛筆，沾著朱紅色的墨汁，要完成兩百多字的般若心經確實比想像還來得久，特別是跪坐在榻榻米上。沢田眉香子說，「好像時間就一直停在那。」

左上——四個窗可分別欣賞到椿、石燈籠、楓、松。
左中——藉由窗戶的變化，借景外也能聚焦。
左下——雲龍院有諸多庭園景致可欣賞。

經歷了不短的抄寫經書、靜心的過程，獎賞隨之而來，原來寺方會在結束後提供一碗抹茶與和菓子讓抄寫經書的人享用。沒有固定位置，整個寺廟的任何房間都可以選擇，這大概是最過癮的事情。除了有面對庭園的好景致外，京都人的風雅也在此展現，其中一間房間在對外的紙拉門上開了四個不同位置的小窗，坐在特定位置就能欣賞到椿、石燈籠、楓、松等四景。而寺內角落隨處跳脫傳統的花藝，更讓雲龍院格外別緻。

景隨時變的京都母親河

鴨川

03

沒有一條河這麼受到京都人喜愛和守護了。鴨川，一條遊歷京都怎麼都不會忽略的河流，也是感受京都時間感最直接的地方了。從地圖上看，鴨川就像是個Y字型，上游賀茂川和高野川在出町柳匯流，由北貫穿京都心臟地帶，深深淺淺的水流一路向南地流去。橫越其上的橋墩，則帶來東西向的人潮和車流。兩旁的低矮河岸道路隨時都有散步的人、騎著單車的人，甚至只是靜靜地坐在那兒什麼也不做的人，這當中有遊客，更有日日生活於此的京都人。

鴨川的美就在於，純真樸實，真實地記錄著更迭的四時和自然。據說，總長三十一公里的鴨川原本很湍急，自古就水患不斷，一九三五年的水患後，京都人花了十年整治、並將河床掘深，是今日所見鴨川的基礎。春天的鴨川有片片櫻花，隨著氣溫回暖漸往北開；夏天則是一片綠意，還有二條到五條間鴨川畔的納涼床；冬天來此過冬的候鳥百合鷗和藍天的組合又是另一番景致。

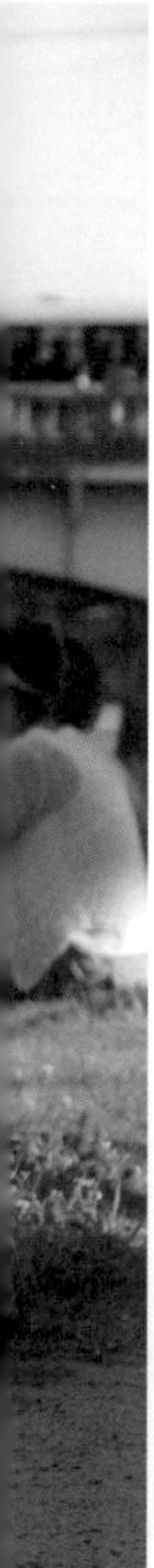

正因為多變帶來的豐富性，每個人喜好的鴨川都不盡相同。日本知名設計大師深澤直人喜歡從荒神橋往北望去的風景，遠方的山好近又好遠。我則偏好出町柳附近的中洲，這裡是兩河匯流交界，附近河床上則擺了石龜可讓人橫越過河。石龜和石龜的距離不太短也不太長，有時得全神貫注地奮力一跳，還得和對向的人交錯，站在河床上又更能感受鴨川的魅力，也難怪這兒夏日就是戲水天堂。河裡優遊的魚、河邊的綠蔭、小孩的嬉戲聲、輕撫河床帶來的涼風，鴨川魅力無窮。

右頁下——五到九月，沿著鴨川的納涼川床。
左頁上——鴨川上游還可遠眺包圍京都的山景。
左頁中——鴨川中洲的烏龜石，大人小孩都愛。
左頁下——鴨川中州是休憩的絕佳場所。

欣賞日本現代庭園
先驅借景之作

無鄰菴

04

無鄰菴

地址——京都市左京区南禅寺草川町31番地
電話——075-771-3909
開放時間——4~6月，08:30~18:00；7~8月，07:30~19:00；9~10月，08:30~18:00；11月，07:30~18:00；12~3月，08:30~17:00

日本明治時期（一八六八～一九一二年），首都已經從京都遷移到東京，「當地人（京都）有點擔心經濟會落後，所以持續的吸收歐美文化。」沢田眉香子表示，無鄰菴就是在這樣的年代背景建造的。從非常窄小的門進入後，一棟傳統和室建築、一棟則是洋樓，正是最佳印證。

這兒的庭園來頭也不小，是由日本現代庭園先驅小川治兵衛設計，他的作品不但遍及寺廟神社，像是平安神宮神苑、円山公園等，也出現不少在私人宅邸。坐在日式木構造的建築裡，一眼向庭園望去，心曠神怡，早已忘卻庭園外就是熙來攘往的馬路。偌大且開闊的庭園似乎緩緩往遠方爬升，流水石頭巧佈當中，外圍則是一圈高大綠蔭，遠方又借景東山，整個庭園和諧而自然。

不僅可遠觀，也能親自走進庭園中。流水是這個庭園重要的元素，據說，是來自附近的疏水。很令人享受的是，參觀的遊客三三兩兩，不受打擾的珍貴時光，什麼也不必做，只要靜靜地欣賞和感受。

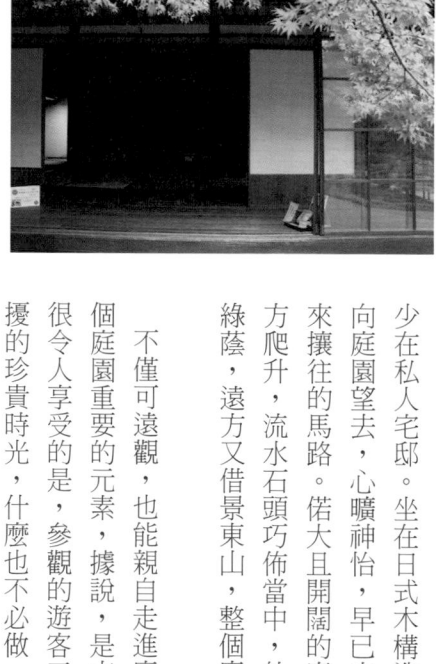

05

下鴨神社

世界文化遺產中的古老森林

還沒親自走訪獲選世界文化遺產下鴨神社及其境內的「糺の森」（Tadasunomori）時，並不覺得一片森林會有多特別。事實上，這片森林是京都唯一的原生林，也是重要的水源地，面積相當於三個東京巨蛋。

要領略這片被列入世界文化遺產森林的風采，千萬別直接坐車到下鴨神社，而是要從出町柳站一路往北，不需多久就可以走進其中。拔地而起的大樹直衝天際，不少已經數百年，據說，兩百至六百年的老樹就有多達六百多棵。比起京都不少經過人為設計規畫的自然，糺の森是充滿荒野感的大自然。有一幕畫面深深烙印在我腦海：一位走在糺の森的人，經過某棵大樹時停了下來，雙手合十，對大樹行了禮鞠了躬。人們走在其中，是渺小的。京都人敬畏自然的心，從這兒就可窺見。

五月八日
裏千家献茶祭
正遷宮斎行
下鴨神社

下鴨神社正式名稱為賀茂御祖神社，建於西元八世紀。一年四季，下鴨神社舉辦的大大小小祭典就多達近五十個，京都重要祭典：葵祭、御手洗祭（見222頁）就是在這兒舉行的，不少人也會在此舉辦結婚式，足以見得下鴨神社與京都人的緊密程度。對於因盆地地形而夏季酷熱的京都來說，下鴨神社的這片森林可說是最珍貴的天然避暑勝地。此外，這也是賞楓名所，身為京都最晚楓紅的地方（約十二月上旬，視氣候狀況而定）無以計算的楓紅和落葉，是種視覺震撼。

右頁——入選世界文化遺產的下鴨神社佔地廣泛。
左頁上——經常舉辦祭典的下鴨神社常可見到身著優雅和服的人。
左頁下左——糺之森緊鄰下鴨神社，是京都千年的原始森林。
左頁下右——糺之森裡的河合神社鏡繪馬是想變漂亮女性的祈願。

下鴨神社

地址——京都市左京区下鴨泉川町59
電話——075-781-0010
開放時間——06:00~18:00

新銳藝術家&現代風器皿

Sophora

06

Sophora
地址——京都市中京区二条通寺町東入ル榎木町77-1
電話——075-211-5552
營業時間——10:00~18:30（週四公休，週三不定休）

到Sophora找生活中的幸福吧！回到台灣後，再次看著Sophora替藝術家長谷川美穗以「灰釉」為題辦展設計的明信片：有點斑駁的木板上，擺著白色基底的碗、杯、帶把手的杯，但內緣中間都呈現渲染效果釉彩，其一還有點像是櫻桃蘿蔔的斷面。生活的美好，不用多說已統統呈現在上頭。

京都的美無所不在，即便是盛裝料理的器皿也都是餐廳念茲在茲的元素。這份餐桌上的講究延續至今，仍有為數不少的藝術家持續在陶、瓷、玻璃等器皿增添新意。蒐羅這些生活器皿，正是Sophora的長項，舉凡陶、瓷器、玻璃、耐熱玻璃、漆器、金屬品、編織品都可在這兒找到，且品項不少。簡潔空間透露著雅緻，開業已邁入第十年的Sophora每年還會在店內策畫多達十多檔的藝術家展覽，喜歡現代風器皿的人可別錯過這兒。

懷舊舊貨堆裡尋找趣味

レトロ京都

Retro Kyoto

07

レトロ京都（Retro Kyoto）

地址——京都市東山区東大路七条下ル東瓦町695
電話——075-756-7987
營業時間——10:00~19:00（不定期公休）

這是一間小到不行的舊貨店，兩人錯身時得屏氣凝神，免得撞到店內擺得到處都是的物品。店主切掛舍一養了隻名叫蕨（Warabi）的貓，也經常在店內店外溜達。レトロ京都雖然賣的是舊貨，卻和一般的骨董店不太一樣，這裡五花八門，從佛像、石瓦到造型可愛的玩偶、火柴盒、作業練習本等都有。

「店裡有很多可愛的東西」，切掛舍一在戶外看板這樣寫著。他說，早期他的確賣很多一般人印象中的古物，但漸漸地卻發現可愛的東西也受到很大的歡迎，也因此這類的東西越來越多。對沢田眉香子來說，這則是一家很昭和風格的店，洋溢著時光美好的和平氛圍。她口中的昭和時期，正是京都開始慢慢成為旅遊城市的時機，也因此不少伴手禮應運而生，レトロ京都店內就有不少這樣的物品。的確，非日本人初見レトロ京都可能很難描繪其特性，但昏暗的燈光、琳琅滿目的小物就是有種魔力，彷彿讓人乘著時光機回到一個趣味橫生的世界，一掉進去就忘了時間。

兩百年私校搶救成功
變身文化沙龍

有斐斎弘道館

08

放眼京都，百年以上的老屋可能不算太特別，老屋加上歷史場景與故事，當中的傳奇性才是珍貴。有斐斎弘道館位於京都御所附近，是具兩百年歷史的古老建築，是儒學家皆川淇園在江戶（一六〇三～一八六七年）中期所創設的，有點類似今日私校的概念，這裡聚集了詩人、畫家和學者，而旗下有弟子近三千人。

二〇〇九年是個轉折，有斐斎弘道館將改建為公寓。於是，一群有志之士四處奔走、籌資，好不容易才沒讓這樣的歷史場景憑空消失。現今，有斐斎弘道館延續著「學問」的主軸，舉辦各式各樣的講座、展覽、茶會等，等於是將皆川淇園的理念現代化，雖不像私校了，但反而有點像文化沙龍。

要進到有斐斎弘道館得先經過兩旁盡是植栽的長長石步道，脫了鞋上到了榻榻米，寬廣略帶昏暗的空間，散發著一絲絲古樸韻味。對於遊客來

說，講座展覽茶會或許很難入門，不過這裡也提供外人見學參觀，還能夠在榻榻米上吃一份四季不同的和菓子及喝一碗抹茶。這裡連盛裝抹茶的茶碗都很講究，用的是修補過後的老件，碗緣土金色的修補痕跡讓人更發思古之幽情。

有斐斎弘道館

地址——京都市上京区上長者町通新町東入ル元土御門町524-1
電話——075-441-6662
開放時間——10:00~17:00（週三公休）

船岡溫泉

近百年澡堂體驗
日本第一處電氣風呂

09

船岡溫泉

地址——京都市北區紫野南舟岡町82
電話——075-441-3735
營業時間——15:00~25:00（週日與國定假日08:00開始營業，無公休）

雖名為溫泉，船岡溫泉卻是道道地地的一間傳統澡堂。成立於一九二三年之初是料理旅館，提供澡堂服務，直到一九四七年才轉為經營澡堂。整棟建築迄今已有近百年歷史。隨著澡堂在京都越來越稀有，擁有許多里程碑、風格獨特的船岡溫泉受到不少日本及外國觀光客的青睞：這裡是全日本第一處「電氣風呂」，使用的水也仍是京都人引以為傲的地下水。

更別說，裡頭的裝潢和裝飾很有看頭。沢田眉香子認為，進到船岡溫泉就像是遊樂園。和一般的澡堂一樣，船岡溫泉是將一棟房子區隔為兩邊，有男湯和女湯（會不時對調）。進到更衣區，就可以發現其磁磚顏色和花紋非常搶眼，彩繪著花草植物，桃紅搭配淺藍色、綠色點綴著粉紅，這些大多是日本大正到昭和初期（約一九二三～一九三五年）的作品。抬頭往天花板一看，還有鞍馬天狗造型的立體木雕。

左上——船岡溫泉多種功效浴池可選。
左中——傳統的置物櫃別有一番風情。
左下——船岡溫泉內的磁磚是難得一見的設計。

這都還只是小菜而已，真正進到浴場可謂大開眼界，各式各樣的泡澡池目不暇給：飄散著濃濃檜木香的檜木風呂、藥浴風呂、水柱池……，其中最特殊的莫過電氣風呂，裡頭真的有電，不習慣的人實在無法久待或全身泡進裡頭。此外，船岡溫泉也有一般澡堂難得的戶外風呂，天氣夠冷泡著暖湯也是種享受。

Gallery直向

地址——京都市中京区寺町通り御池上ル上本能寺前町471 1f
電話——075-221-8507
營業時間——11:00~19:00（週二公休）

10

設計學校開藝廊 網羅各地生活道具

Gallery直向

實用、耐用、堪用，民藝運動之父柳宗悅提倡了「用之美」，如此務實的理念便有如雨後春筍擴散至全日本。直向就是一家追尋柳宗悅「實用之美」而成立的藝廊。我很喜歡他們不把器皿稱之器皿，而是生活道具，聽起來就是天天需要、天天用得上的東西，多了份親切感。

由設計學校 Space Design College 開設的直向和 Sophora（見28頁）一樣也是坐落在寺町通商圈，同是販售生活道具為主的藝廊。較不同的是，直向的店面狹窄又長，是京都人稱作的鰻魚床格局，店裡最深處還有一個戶外的小庭園。直向小巧親切，作品來自日本全國各地設計師，最北從岩手縣的陶器，到最南端沖繩的玻璃。可別看店面不大，要真認真欣賞起來，可得花費不少時間。立足京都的優勢，讓直向也展現了屬於京都職人的作品，像是織品、香、扇子、木桶等。店裡有年輕設計師，也有傳承幾世代的職人，直向可說是既新又舊。

直向的生活用品非常多元，有雜貨布織品、陶藝、玻璃、木工藝等。

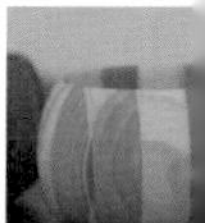

11

建築大師操刀 國寶齊聚一堂

京都國立博物館

京都國立博物館展現出的京都時光有點錯綜複雜。明治古都館是明治時期，在方廣寺大佛殿的遺址上所建造的（部分而已，並非整館），當時西化是潮流，古物、寺廟神社所蒐藏的寶物也面臨損毀消失的危機，所以在一八九七年，當時名為「帝國京都博物館」開館，肩負起保存寶物的責任。只不過，明治古都館磚紅色外表代表的仍是，當時西化下產物的巴洛克風格。

就在二〇一四年，京都國立博物館的「平成知新館」開幕了，就在明治古都館旁，簡潔的現代建築線條，透露著濃濃的東方禪意。這是設計美國現代美術館（MoMA）、國立東京博物館法隆寺寶物館的名建築師谷口吉生之作。

整體而言，建築展現了輕、透、俐落的特色，看似簡單實則考慮周詳。舉例來說，戶外的一整排細圓柱撐起了一片屋頂，擺脫了柱子就是得厚重的印象。平成知新館內展出的文物，包含雕

右頁上——明治古都館走的是巴洛克風格。
右頁下——谷口吉生設計的平成知新館簡潔俐落。
左頁——站在京都國立博物館還能遠眺京都塔。

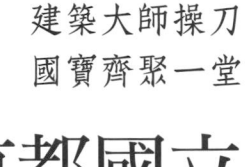

塑、書法、染織、繪畫、陶瓷等，是從約一萬三千多件的館藏品和寄存品中挑選出來的。令人印象深刻的是，一樓挑高空間的數尊偌大佛像，不但可以近觀，走上二樓，卻又能透過金屬簾幕的透明牆面往下鳥瞰。這是透過樓層分配的高低差，才能展現的獨有風光和視角。

互動性也讓這裡更為活潑。除了可以體驗佛像是如何被組裝出來的之外，還可以了解觸摸青銅器複製品的內部。逛了累了，平成知新館有一家餐廳和咖啡館供坐下來小憩：由凱悅飯店提供餐食的 The Muses，能眺望大片戶外綠意；而唐船屋咖啡館則擁有極佳的視野欣賞明治古都館。

京都國立博物館

地址——京都市東山区茶屋町527
電話——075-525-2473
營業時間——09:30~17:00（週一公休，如遇國定假日則開館，隔日公休。週五週六延長閉館時間至20:00，特別展覽期間閉館時間會延後，詳見官網）

京都美意識

未生流笹岡第三代——笹岡隆甫

網

網路上瘋傳一張照片，美得令人屏息：那是京都金閣寺在隆冬盛雪後，天氣乍晴、天空藍得清透，但金碧輝煌的金閣寺屋簷仍覆蓋著白雪。即便金閣寺已去了數次，但心裡仍是蠢蠢欲動。在京都，如同晴朗無雲卻覆蓋白雪的金閣寺這樣的餌，實在不勝枚舉，我就這樣一次又一次的甘願上鉤。

在乍暖還寒的時節感受櫻花的美麗與哀愁、在悶熱的夏季躲到川床上納涼、踩著輕快步伐登上大文字山鳥瞰京都、抬頭仰望熱情奔放的楓葉在眼前畫出半道彩虹、坐在千百年的建築裡靜靜沉思……。

數不清的造訪，是為了美，為了那美到不能再美的人事物。

飽覽、體驗過不少京都絕景的美，心中不免好奇：究竟京都的美打哪來？又該怎樣形容京都的美？「京都沒有最美的一瞬間！表現美的事物的『時間轉移』，就是京都的美感。」未生流笹岡第三代家元笹岡隆甫一語道出京都美的真諦。

我並非第一次見到這位活躍的花道家。還記得一次受邀觀賞宇治松殿山莊的能劇與花道展演，笹岡隆甫是當日的花道設計者，他把松樹搭上外人想都沒想到的嬌嫩粉紅玫瑰，一剛一柔，在短短的幾分鐘博得滿堂喝采及大家對於此作品的好奇。很難得的，後來又有機會從這位三歲即跟著祖父學習插花的花道家，了解京都人眼中的美。

充滿青苔的屋頂可窺見時間的痕跡。

笹岡隆甫說，花道和京都的美一樣，沒有一個最美的時間點，最精華的不是某個片刻，是整個時間轉移帶來的美。他舉例，像是歐美的花藝家便會想在作品中表現一瞬間最美的組合，然而京都、日本的花道卻喜歡從含苞待放的花苞開始欣賞，看著花朵慢慢綻放、而後漸漸凋零，「體驗時間轉移是這麼美的事情。」

也就是說，京都的美就像一部動態影片，單看某個停格畫面是不完整的。時間濃縮便是四季更迭，就像秋天楓葉由青轉為黃、橙、茶等色，一片葉子濃縮了時間印記，正是美的來源。拉長時間軸，則是欣賞京都悠長歷史脈絡下的產物，一棟房子、一間廟，歷經多少時光依舊佇立，文化厚度層層累積出的也是美。

對京都人來說，美不光只是美的表現而已，更是一種信仰、思想，一種富含精神性的內涵。笹岡隆甫學習花道的過程就是不斷思考人生、累積信念的一段長路。聽起來很匪夷所思，不過他說，創立於一九一九年的未生流笹岡是曾祖父

從大阪擁有兩百多年歷史的未生流獨立出來的，除了有傳統不對襯、花插在等腰三角形內的特色外，也加入了水平展開較西式的插花法。這些是技術是原則，但學習花道的過程，他也一度認為技術最為重要，可是祖父卻從植物花草身上教給他諸多的人生觀，至今仍深深地影響著他。

笹岡隆甫猶記得六歲時，將向日葵插在玻璃瓶中，花苞正好向下。祖父看到便告訴他，只要把向日葵朝上就會很有元氣。這一席話和簡單的調

歷史感的建築（右上，三十三間堂）、生活花藝（左上）、季節的轉移（下），都可找到京都感的時間軌跡。

整，讓他體會到，即便是人生低潮，只要學著花朝向太陽的姿態，用心過生活，人生就會繼續向前邁進。

他也從祖父一輩的花道老師口中了解人和自然之間，不是對立，應該是充滿和諧與尊重。他說，老一輩的人會把已結束任務、要丟棄的花用紙包捆起來，灑上清酒。「不是只是將花插的美麗而已，而更有著敬重生命的態度。」

如今，這位四十出頭的年輕花道家能夠對美侃侃而談，正是這一路走來豐富養分所灌溉滋養而來的。

他怎麼看年輕一代花道家的角色？笹岡隆甫表示，事實上，時代轉移也讓日本花道出現了不少新的觀念和表現。「美感的標準不是只有一個。首先要學著了解百年前對美的基礎，但卻不要固執於這些基礎，而要隨著時代而調整。」

對於向來給人形式規矩嚴謹的日本花道，笹岡隆甫確實帶來了不少新意。在日本琳派（日本藝術流派，約興起於十七世紀初）四百年的活動中，笹岡隆甫創作了以枯萎為題的插花。他先將鮮花放在氮氣當中冷凍起來，然後在短短的十五秒中插好花。緊接著拿著空氣槍射向花莖，晃動中的花朵紛紛崩解四散，僅僅八秒的歷程，他又以高速攝影記錄下來，製作成長達兩、三分鐘的影片投影在京都國立博物館的建築上。

笹岡隆甫說，這是一些文化人和他共同創造出來的作品。跳脫一般人以枯萎為題時，總直接聯想到枯寂，他想透過鮮花四散又化為泥土的過程傳達重生的概念。從凋零到重生，也意味著大地循環的生生不息。

「花道是個思想，是個雜學。」「日本花道、插花重視花本身的魅力，花道家只是配角。花不只是創造美的工具，更是一種人生學習。」聽了笹岡隆甫這席話，終於明瞭，京都的美不是無中生有。京都的美，是悠悠的光陰，是千姿百態環繞在身邊的自然。

■ 京都沒有最美的一瞬間！
■ 表現美的事物的時間轉移，就是京都的美感。

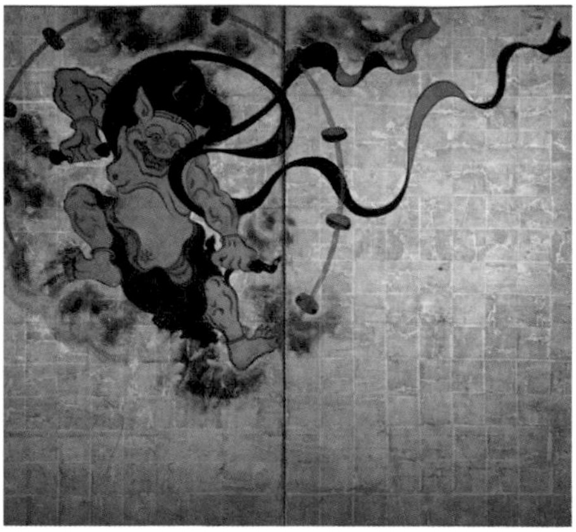

© 建仁寺提供

四百年歷史的「風神雷神圖屏風」

建仁寺

© 建仁寺提供

建仁寺

地址——京都市東山区和大路通四条下る小松町
電話——075-561-6363
開放時間——3/1~10/31，10:00~16:30；11/1~2/28，10:00~16:00

12

二〇一五年是琳派四百週年，在京都引起熱烈迴響，書籍熱銷、展覽每日大排長龍。什麼是琳派？簡單的說，琳派是一藝術流派，約始於十七世紀，由本阿彌光悅和俵屋宗達兩人創始。談到琳派，最有名的作品就是笹岡隆甫根據京都美意識主題而推薦、建仁寺收藏的「風神雷神圖屏風」。在兩塊滿是金箔的屏風上，左邊屏風彩繪著雷神（左上），右邊屏風則為一身是綠的風神（右上）。

有趣的是，就像笹岡隆甫說的一樣，時光轉移讓京都的美顯得獨特，後來不斷有人臨摹風神雷神圖，所以有一百年、兩百年的風神雷神圖，像是東京國立博物館就有蒐藏。或許風神雷神的名聲過於響亮，多數人鮮少注意其背面的玄機，其中一幅後人臨摹的風神雷神圖背後有著畫家酒井抱一所繪的「夏秋草圖」，乍看是幅植物作品，仔細觀察就能發現，雷神的背面有著雨後的積水圖樣，風神的背面則是被風吹拂的青草與花朵，正反兩面相互呼應。

13 柊家

來者如歸背後的祕密

再次踏入柊家及見到第六代女將西村明美，幾年的時間過去了，穿著和服、短髮造型的西村明美一如以往神采奕奕，一點都沒變。由她打點內務的柊家成立於一八一八年，和同位於麩屋町通上的俵屋、炭屋，被譽為「御三家」，就像是京都的精神堡壘，默默的守護著京都。

若能在京都住上一回這種百年旅館，定能對於京都的美感感受更深。拉開大門，映入眼簾的是滿是日式情調的外玄關：木座椅、石水盆、植栽、盆花，自然彷彿被搬到這裡；剛灑過水、溼漉漉的地上則是代表迎接之意。真正拖了鞋進到屋內，「來者如歸」的匾額就掛內玄關上頭。

這不是空心口號，柊家竭盡所能想讓入住的旅客感受京都與京都的人情之美。這裡幾乎每個房間都有戶外庭園的景致可賞，隨著季節裝飾也跟著改變，像是夏日必定有的竹簾、竹蓆等。他們沒對旅客說的是，隨處可見的花、花瓶、捲軸也都得跟著自然的律動而改變，這些看似尋常的裝飾品，其實藝術價值可都不小，而且數量多得驚人，光是掛軸就多達四、五百份。

時光的層次與厚度，則是笹岡隆甫推薦柊家的原因。這裡除了本館之外，在二〇〇六年時建成了有七間房的新館，現代設計語彙與日本傳統工藝在此交匯。「新館有更開闊的景觀。」西村明美一路帶著我看這些設計，像是在傳統紙窗門下做了屋頂形狀的鏤空，往外望出去即是傳統建築的灰瓦屋頂；像是五十二號房裡的床板用了樹齡很高的神代杉所製成的，而且還是被譽為人間國寶的中川清司所製作的；我還見著厚度超過十公分的整塊木頭削製而成的洗手台。

柊家讓人津津樂道的，還有名人的加持。包括日本首位諾貝爾文學獎得主川端康成、三島由紀夫、卓別林等人都曾入住此地。特別是川端康成和妻子住宿的十四號房，以及當時用來寫作的十六號房，都特別受到大家喜愛。

從迎賓的菓子抹茶（左）到房內的職人打造的木盆（右）都是一時之選。

柊家 ⓔ

地址——京都市中京区麩屋町姉小路上ル中白山町
電話——075-221-1136

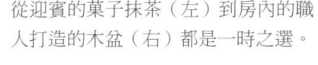

被大自然環抱的秘境

14 星のや京都

還沒到飯店，就已經開始這趟旅程了。從京都嵐山渡月橋附近搭上專屬船隻、欣賞河岸兩旁景致，經過十五分鐘才到星のや京都（中文譯為：虹夕諾雅京都），本身就是特殊的風雅感受。位於嵐山桂川河畔的飯店星のや京都有著絕佳的地理位置，被大自然環抱，有山有水，有種與世隔絕的氣氛。這正是京都許多寺廟和建築特殊之處，隱身於自然之中，同時和自然水乳交融。

星のや京都也很懂得好好利用這樣的優勢，進到房間，幾乎都有著一面以上的採光，而開得很低的窗外就是隨著季節輪番上陣的美景：嬌豔欲滴的粉紅櫻花、鬱鬱蔥蔥的翠綠、一抹橘黃亮紅的深秋……這樣獨一無二的景致不在遠處，幾乎是貼著窗邊。坐在房裡的沙發上，望著窗外，整個人就像是被大自然溫柔地抱著，心也跟著沉靜起來。

其實這裡原本是著名航運商人角倉了以的書

齋，星のや京都在改造成旅館時也煞費苦心、處處講究，找來京都職人合力打造。像是，房間裡的壁紙是由替京都二條城創作紙張的職人所製作的京都樣式壁紙，用的是一百三十年歷史的雕刻木版。放在榻榻米房間裡用竹子製作成的沙發，職人特地調整了高度，坐下來剛好能正對著戶外的美景。就連掛在飯店、放在房裡的燈，也都是經過職人加持。

星のや京都就像是個度假村，不大卻能讓人想賴著不走。不過笹岡隆甫說，若是搭著船到附近的米其林三星名店吉兆嵐山吃頓飯（飯店可代為安排，但餐廳熱門都須提前預定），再搭著船回到飯店，絕對是難以忘懷的京都美感雙重體會。

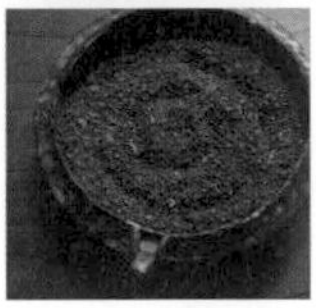

星のや京都房內的窗開得特別低，打開窗就是一幅四時更迭的畫。

星のや京都

地址——京都府京都市西京区嵐山元録山町11-2
電話——0570-073-066

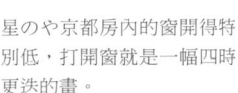

点邑

便當裡的十二個月

15

点邑是京都大名鼎鼎百年旅館俵屋旗下的天麩羅餐廳，也曾是米其林美食指南裡一星餐廳。自從二〇一五年秋天換了新址後，環境從原本在二樓有點侷促、陳舊的空間，變得更為大氣，新址同樣位於二樓的L型吧台坐席（一樓為庭園、等候區、包廂），面對的是大開面透明窗外滿滿綠意，成為佐餐最佳的視覺享受。

不過不是內用，笹岡隆甫推薦的是這裡的外帶便當。「便當裡的十二個月」是個很恰當的比喻，不過這十二款季節味便當並不只是意思意思換個食材而已，而是從料理手法、擺盤設計徹底全然不同。舉例來說，一月的百合根便當，右邊是一朵梅花造型的飯，中央還點綴著梅醬，左方才是包含天麩羅、煎蛋等小菜；到了四月的筍飯，長方形便當被竹葉在中間隔開成了兩個梯形，右邊是當季的竹筍飯；六月則是香魚便當，白飯灑上山椒，放上了一尾烤香魚，此時便當被隔成了上下兩半。這也難怪，笹岡隆甫說他可以經常吃。

左上——剛搬遷的点邑與自然呼應，內部裝潢典雅。
左下——手卷便當可吃到招牌天麩羅炸蝦，須提前預定。

招牌的還有日日銷售的長銷款天麩羅手卷便當（下圖），內有炸蝦、炸穴子和小魚壽司卷，搭配蛋、醬菜等。即便帶走冷冷的吃，仍有高度的滿足感。点邑的便當不若百貨公司超市賣的便當隨到隨有，必須至少於前一日預訂，再去自取。笹岡隆甫笑著說：「稍微花點力氣才取得的東西，會覺得更美好。」

点邑

地址——京都市中京区麩屋町三条上ル下白山町299
電話——075 212 7778
營業時間——11:30~13:30，17:30~21:00（週二公休）

16

上七軒・老松北野店

當嵯峨十景成了誘人的干菓子

和菓子是拿來在慶典儀式、節慶或茶會中使用，自然也流露著京都的美學。坐落於京都最古老花街——上七軒的老松北野店，專門販售和菓子，曾經負責製作宮中慶典用的菓子，地位不言可喻。笹岡隆甫對於老松的干菓子有一定的情感，「從小就開始吃。」雖然只命名為干菓子，老松依循著每個月該有的節氣或意象，設計出了造型顏色各異的茶席干菓子。四月有蝴蝶造型的干菓子、七月則以七夕為主題、到了十一月山間秋楓的畫面成了桌上的菓子。相較於生菓子，干菓子保存期限較長也較容易攜帶。

我則被老松一款嵯峨十景的干菓子吸引。他們把十幅圖像簡化成凹凸有致的一塊塊菓子，就像一塊凸版印章。這干菓子以和三盆糖製作，並加入肉桂粉和茶粉，形成了上綠、中白、下棕的顏色變化。賞心悅目、滿足口腹之慾之餘，也等同於神遊了一趟嵐山嵯峨野。

上七軒・老松北野店

地址——京都市上京區上京区北野上七軒
電話——075-463-3050
營業時間——08:30~18:00（不定期公休）

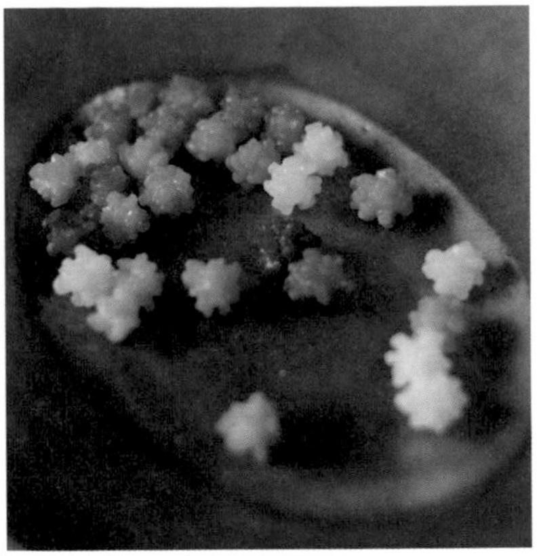

17

日本唯一
金平糖專賣店

綠壽庵清水

綠壽庵清水
地址——京都市左京区吉田泉殿町38番地の2
電話——075-771-0755
營業時間——10:00～17:00（週三、每月第四個週二公休）（國定假日營業）

十幾年前，在京都百年旅館近又的懷石料理，首次嚐到這款小小一顆、五顏六色的金平糖，得知它的名字，卻對它不甚了解，直到最近才發現這金平糖可大有故事。

首先，雖然金平糖和京都連結在一起，卻不是京都原生，而是十六世紀從葡萄牙傳來的糖果。其次，〇．五公分不到的一顆星形糖果製作一點也不容易，由糯米的粉末作為心，在轉動的釜鍋上加熱，不斷的裹上砂糖，過程得經過至少十四天才能完成，還得依溫度、濕度調整。能操刀的師傅前後得先歷練十年攪拌、十年淋蜜的訓練，才能獨當一面。據說，好的師傅光聽金平糖在鍋裡轉動的聲音就能作為判斷。

走進這家日本唯一金平糖專賣店前，就已經先聞到甜甜炒糖的滋味了。已經傳承到第五代的綠壽庵清水沒被機械取代，至今仍堅持手工製作，也在金平糖當中加入各種調味品，有各種季節限定的新奇口味，像是櫻花、優格、荔枝、西瓜等。

為期一個月的
千年祭典

祇園祭

一年四季，祭典不斷輪番上陣的京都，若說遊客只有一次參觀祭典的機會，那絕對是夏季七月份的祇園祭了。「祇園祭是在地人民眾的活動，是種身分與認同，即便請假也要參加。」笹岡隆甫表示。在炎熱的夏季，這個已有千年歷史的祭典前後可以長達一個月之久，京都人卻樂此不疲，多少可看出這個祭典的重要性。

還未蒞臨活動現場前，實在很難體會究竟祇園祭的魅力在哪？不就是一堆人推著木結構的山鉾車在街道巡行？祭典期間到了京都便能領會，根本就是全城熱事。街道上到處可見為了祭典所懸掛的捐獻燈籠。至少兩、三層樓高的山鉾車從照片看不出震撼，出現在眼前時才會驚覺是如此的巨大，更遑論重量了。我目睹山鉾的拆卸過程，光是一個輪子就要三、五個壯漢才能順利的推進倉庫。除了欣賞山鉾的結構、裝飾之美，祇園祭真正動人之處在於京都人的那份虔誠，當眾人跟著山鉾車遊行時，穿著一致的服裝、跳著動作劃

一的舞蹈時，外人也很難不感染其中的氣氛。

千年前為了驅趕瘟疫而催生的祇園祭，重頭戲是七月十七日的山鉾巡行，屆時許多道路都會封閉，旅館也被預定一空。不過，好在一個月當中有各種的活動，商家也會推出祇園祭限定商品，整個七月都很熱鬧。笹岡隆甫說，祇園祭期間商家會依照習俗插上名為檜扇（ヒオウギ，中文為射干花，右頁小圖）的花，看起來也像張開的扇子，是京都人呼應節氣、節慶在美的展現。

18

為期一個月的祇園祭可看到京都人對此的熱衷，感染力十足。

祇園祭

地址——京都市東山區祇園町北側625番地（八坂神社）
電話——075-561-6155
活動時間——7/1~7/31
- 7/16的宵山和7/17的山鉾巡街為重頭戲。

金戒光明寺

不受打擾的楓紅名所

19

金戒光明寺

地址——京都市左京区黒谷町121
電話——075-771-2204
開放時間——09:00～16:00

正如笹岡隆甫所說的，一片樹林、甚至是一片葉子，就能看出時間的變化，特別是秋楓，這是為什麼楓葉總讓人百看不厭，當暗紅、亮紅、橘、黃、茶、綠等顏色揮灑在眼前時，在陽光的映照下，明亮、熱情如火。若再加上古色古香的京都廟宇或建築陪襯，這幅景致很容易觸動人心。

金戒光明寺位於京都的吉田山上，若登上山門可以鳥瞰京都市區。這裡沒有賞楓名勝來得人山人海，卻也是賞楓名所，沿著石頭路、石橋、水池邊走上一圈約莫十分鐘，小巧也不受打擾。不知是否位於山上之故，金戒光明寺的景觀擁有更多植物，像是更高聳的松樹，讓整體視覺也豐富起來。

真如堂

有如極樂世界的紅葉奇景

20

真如堂

地址——京都府京都市左京区浄土寺真如町82
電話——075-771-0915
開放時間——09:00~16:00

到京都賞楓數次，去年終於在笹岡隆甫的推薦下來到真如堂。結論是，相見恨晚和可以不要公開嗎？和金戒光明寺同位於吉田山上，到真如堂賞楓這件事大多不在觀光客的清單之列。畢竟以名氣來說，這兒不若東福寺、永觀堂來得響亮；而就地理位置而言，也較為偏北，還得走上一小段上坡路才能抵達。

真如堂真正的名稱應為，真正極樂寺。楓葉轉紅的時節來到這兒，真會有種極樂世界的感覺。來這參觀的多半為日本人，若與東福寺滿坑滿谷賞楓人潮相較，這兒可謂清靜清幽。即便楓樹不若名所來得眾多，但來得多不如來得巧，是真如堂楓葉的寫照。大門後階梯旁的楓紅是寺廟的前景，陽光照耀下，紅得難以形容。沿著真如堂本堂建築四周的楓樹，高度層次豐富。還有一個重點，這裡不收門票，而且若不參觀本堂，清晨六點就能來此獨享、捕捉無人的楓葉。

意想不到的京都秘境

「第三次的京都」總編輯＆攝影家——中島光行

近年，到京都感受閒淡寂靜的氣息可說是越來越不容易。賞楓賞櫻期間，往往一房難求，即使非慶典期間的淡季，熱門的清水寺、祇園也都是人滿為患，幾乎到了寸步難行的地步。

不光是日本人愛訪京都，外國人對這座古都的憧憬與好奇也有增無減。根據日本官方統計，二〇一五年造訪京都的旅遊人次高達五千六百八十四萬，創下歷史新高紀錄。對比二〇〇〇年，僅四千五十一萬人次，已經成長了四成，實在驚人。而且，包括住宿人數、外國人住宿人數、觀光消費額，也都在二〇一五年來到最高點。五千六百八十四萬人次是什麼概念呢？相當於每日平均約有十五萬人，在不大（約三個台北市大小）的京都遊歷。

「不受大批人群打擾」於是成了近幾年我在京都奢侈的嚮往，有時趁著一年當中的淡季前往，像是五、八月；有時為了人人都想爭相目睹的美景、祭典，也找到了一些心得和策略，如非常早起、越走越偏遠等。這也如同打開了京都寶藏的隱藏大門，通往那些帶著祕密感的京都外，也深感京都的豐盛與富足。

然而，越是探索越是好奇。不免仍想知道，對於日日生活於此的京都人來說，他們遠離觀光人潮的私房秘境在哪呢？身為記者的第一直覺，問攝影師準沒錯。因為即便相同的景致擺在眼前，每每透過攝影師的畫面擷取與記錄，都能有新的風景。於是，就這樣我和攝影師、也是京都人中島光行聯繫上。

其實，最先吸引我的目光是中島光行的攝影作品。他有個名為「第三次的京都」（日文：三度目の京都）的網站，裡頭的照片恬靜中卻吐露著很濃烈的情緒，整體帶著些許的陰翳感。看到照片不疑有他就能感受到，京都味。更驚喜的是，網站中列出的寺廟，愛宕念佛寺一直想造訪卻未果；更有首次聽聞的名單，如古之谷阿彌陀寺、圓光寺等，期待之心也因此被撩起。

見到中島光行，便馬上抓著他問：「什麼是第三次的京都？為什麼不是第四次、第五次的京都？」這位一身黑衣黑褲蓄著鬍子的攝影師說，一般從外地來到京都遊玩的日本人，第一次通常是參加國小、國中的畢業旅行，這時人氣必訪景點像是金閣寺、清水寺都是走訪範圍。等到了人生中第二次造訪京都，多半是上了大學後，會再去一趟京都的知名景點。直到畢業、開始工作後，第三次來到京都，才有機會去一些少為人知或更偏遠的景點，透過更深度的方式理解京都。也因此，他將一個計畫命名為「第三次的京都」，就是打算推薦景點給遊歷京都超過三次以上的人。說白話一點，就是介紹不太知名、卻值得深度一訪的景點。

不只是網站，第三次的京都是個大計畫，中島光行在攝影工作之餘，出版相關書籍，甚至舉辦展覽活動。中島光行回憶，在過去的攝影生涯當中，寺廟、佛像和美術品一直是拍攝的主題之一，「拍過很多寺廟，卻一直沒機會公開。」於是，最初開始在網站上介紹自己喜歡的寺廟，成了第三次京都的起點。

不久後，第一本出版品、以詩仙堂為題的攝影集便問市了。這本以「私房京都旅遊紀錄」（A Private Kyoto Travelogue）為副標題的書，有著很不典型的封面，看不到詩仙堂的具體形象，取而代之的是，一片深綠、淺綠到白的散景。

「一般人透過這些照片，不一定能說出這是詩仙堂。」翻開之後，果然看見中島光行欣賞詩仙堂的獨特角度。他特別關注那些別人容易忽略的景致：榻榻米上編織的細節、由細砂組成僅僅些

從寺廟中可以欣賞到職人工匠嘔心瀝血的作品，
因為很尊重技法，可以從中看到他們的靈魂。

微起伏的枯山水，抑或是一根樑上的釘子、屋簷冒出的綠意。跟著他的鏡頭，有如拿著放大鏡細細地欣賞更多細節，光影、時間的痕跡、自然的表情，卻又不覺得壓迫，反而很是療癒。

在中島光行心中，詩仙堂有著不可取代的地位，算是他攝影生涯的啟蒙場所。原來，他的父親也是位攝影師，而且專門拍攝寺廟、美術品等主題。即便從小就生活在攝影器材、照片滿佈的環境，中島光行卻沒有被這些啟發。直到高中時期，英國查理斯王子和黛安娜王妃造訪京都，也參觀了詩仙堂。當時他蹺課前去，竟發現官方攝影師就是他的父親，「原來父親是這麼一號厲害的人物。」大學畢業後，他歷經了許多不同的工作後，打算以製作為業，便毅然決然的追尋父親的腳步成為攝影師。

他父親當年拍攝王子和王妃的照片仍然高掛在詩仙堂，「而我在我父親相似的年紀時出版這本書，格外有很深的感觸。」聽著這樣的故事，更覺得京都無處不傳承。

回到京都人少的秘境，中島光行推薦了不少廟宇。雖然不少人來到京都，大廟小廟看得發膩，不過一如中島光行的眼光，這些寺廟並非觀光熱點，相當幽靜。他說，「從寺廟中可以欣賞到職人工匠嘔心瀝血的作品，因為很尊重技法，可以從中看到他們的靈魂。」這也是他為什麼總把鏡頭轉向那些廟裡的小枝小節，卻又能引起共鳴的原因。

除此，他也提到，過去寺廟其實是京都人精神及生活的依賴，小孩會到寺廟裡玩耍、大人則是到寺廟尋找精神寄託。然而，今日遊客幾乎成了拍拍到此一遊照就快閃離去的過客。中島光行建議，這些京都秘境也能呼應著內心的秘境，不妨坐下來靜靜的看看、想想，度過悠閒又寂靜的難得時光。

說不定，藉此就重新認識寺廟、也重新認識到自己。

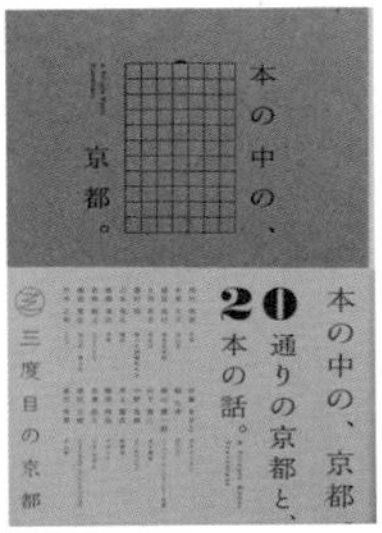

書中的京都
（本の中の、京都）
定價：1500 日圓
出版社：ディスカバリー

A Private Kyoto Travelogue：詩仙堂
定價：1500 日圓
出版社：フィールドラボ

21 三度目の京都

網站——www.sandome-kyoto.jp
臉書——搜尋「三度目の京都」

22

清幽！登山步道喝醍醐水、賞千年古建築

醍醐寺・上醍醐

即便離京都市中心不遠，醍醐寺並不是一個容易到達的地方，直達公車班次少，若搭火車還得再走上十分鐘的路途才能抵達，對第一次造訪的人難度不算低。不過，這並未折損豐臣秀吉在此舉辦的「醍醐賞花會」美名，每到春季前來賞櫻的人絡繹不絕。

醍醐寺占地廣闊，還可分為三寶院、下醍醐、上醍醐等區域，若要參觀得分別付費。打開了官方網站的地圖，若沒有親自走過一遭，也很難搞得清楚東西南北。中島光行經常在醍醐寺拍照，他表示，推薦的上醍醐坐落於山上，「有種和人世間隔絕的感覺。」經過了三寶院、下醍醐的仁王門都不是上醍醐的入口，沿著一旁小路終於來到上醍醐的登山口。這是一條單趟長達兩個半小時的登山步道，不少人看到這單程的時間就打退堂鼓了，讓這兒非常清幽。

沿著步道拾階而上，就在快接近山頂之時，終

左上──上醍醐的入口供淨身的水池與神像。
左下──上醍醐山中的建築被多種植物包圍，有如遁入大自然。

於可以享受付出勞力的成果，開始出現上醍醐境內的建築：上醍醐寺務所、醍醐水、藥師堂、開山堂等。這時有種乘坐時光機回到過去：陳舊的木造寺廟建築、空無一人的道路、地上的落葉……。這些建築的歷史都頗有來歷，像是藥師堂就建於西元十世紀，因為就在山中，有的巧妙地隱入一片自然之中，有的位在平台之上。喜歡登山的人可別錯過這自然和古蹟交錯的一條清幽步道。

醍醐寺・上醍醐

地址——京都市伏見区醍醐東大路町22
電話——075-571-0002
開放時間——3/1~12月第一個週日，09:00~16:00；12月第一個週日~2月，09:00~15:00

莊嚴！近距離觀賞
日本現存唯一九體佛

淨琉璃寺

23

淨琉璃寺

地址——京都府木津川市加茂町西小札場40
電話——0774-76-2390
開放時間——09:00~17:00（12~2月，10:00~16:00）

要前往位於京都府木津市的淨琉璃寺得先抵達奈良車站，再轉搭公車前往。車上稀疏的乘客預告著該寺或少為人知、或地點有點偏遠。二十分鐘車程，窗外的風景從市區景色轉為山間田園風光。

淨琉璃寺的名稱很美，意指西方極樂世界，其境內並不大，主要以本殿、三重塔及兩者間的水池組成。較特別的是，淨琉璃寺是平安時期（七九四～一一九二年）淨土式建築庭園，所以彌足珍貴。進入到本殿內，九尊巨大的阿彌陀佛神像一字排開，這和三十三間堂裡帶點距離觀看觀音像不同，可以近距離欣賞。也因為這九尊佛像，這也被稱為九體寺，是目前日本唯一現存的形式。走到本殿的對面，隔著水池又是一景：藍天、鬱鬱蔥蔥的綠意、木構本殿全都倒映在水面。要提醒的是，往返奈良車站和淨琉璃寺的班次少，且中午休息，所以得注意時間，回程可利用等車空檔於附近小店用餐。

正伝寺

地址——京都市北区西賀茂北鎮守庵町72
電話——075-491-3259
開放時間——09:00~17:00

24

神秘！滿月和枯山水的對話

正伝寺

正伝寺的方丈建築是從伏見城的殿舍移過來的，這裡最著名的是，由知名庭園師小堀遠州所設計名為「幼獅渡海」的枯山水，雖然只有一堆白沙和以三、五、七概念種植的植物，但只要坐在建築的地板上往庭園看，就能發現遠方的比叡山也在這幅美景內，這是庭師有名的借景手法。

簡潔有力的庭園到了中秋月圓，成了絕景。高掛在天上的月亮，遠方的山稜及撒落在枯山水的月光，遠遠近近，讓這庭園的層次變得好鮮明，彷彿就是個劇場。此時，院方也會在月圓前後三日特別開放夜間參觀寺廟，絕對是很新奇的經驗。正伝寺也不在交通要道上，讓人印象深刻的還有進入寺廟前，只見掛在窗邊的鑼上頭寫著「拜觀二打」。「噹～噹～」的聲響除了讓窗內的寺方人員開窗接待外，似乎也意味著一種沉澱的儀式，脫了鞋走進方丈建築，開闊的庭園就靜靜地在那等候著。

豐富！
表情多端的借景庭園

圓通寺

25

圓通寺

地址——京都市左京区岩倉幡枝町389
電話——075-781-1875
開放時間——4~11月，10:00~16:30；12~3月，10:00~16:00

和正伝寺相同，圓通寺也以借景庭園聞名，也同樣是比叡山入景。不過，很不同的是，庭園裡不是白砂組成的枯山水，而是一片青苔和石頭。設計庭園的人以一道低矮綠樹做成的圍牆，內外有幾棵高聳的松樹，所以遠方的比叡山就隱蔽在樹之間的空隙，不若圓通寺的借景來得寬闊。整個庭園也因此有更多變化，像是太陽透過樹木枝幹灑落的陰影、秋日的楓紅等。

這兒在江戶時期，原本是後水尾天皇的離宮，後來才改為寺廟。據說，即便這裡已經遠離京都市中心，為了保存寺裡的這片借景，還是得跟開發建商進行拉鋸和角力。圓通寺對內禁止攝影，只有向外的庭園可以拍照，這樣讓大家無形當中，可以放下攝影機、手機，好好的用雙眼和心欣賞感受這片難得且可能消失的美景。

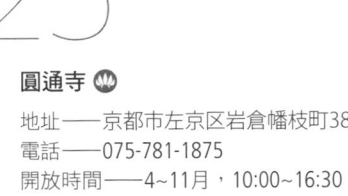

尋幽！山中秘境的修行處

古知谷阿彌陀寺

26

古知谷阿彌陀寺

地址——京都市左京区大原古知平町83
電話——075-744-2048
開放時間——09:00~16:00

要體會寺廟是修行場所這句話，來一趟古知谷阿彌陀寺就能深深感受。從京都市中心搭公車，先花一個小時的車程經過了北邊郊區的大原，還得繼續往山裡開；下了公車，則是一段既陡又長的山路：高聳的林木比比皆是，更不乏八百年樹齡的神木，一旁潺潺的水流伴著步伐一路而上。中島光行說，走在這段爬坡小徑，本身就是享受，特別是五月枝頭冒出新綠時，或是十一月深秋的楓紅時。

古知谷阿彌陀寺有具歷史的木構建築、庭園、石佛像等，可以很清靜地體會寺廟給人的禪意，其位於半山腰平台的地理特性，也讓這有種被群山環抱之感。行經此處的公車班次實在少，當地人多半驅車前往，也有些人騎著單車一路而上，至於只能靠公車的遊客們，若時刻銜接得不完美，那不妨像我一樣，把等待的時間拿來走下山，約二十至三十分的路程，可從古知谷阿彌陀寺公車站牌走至大原站，山中小徑一旁是溪水，走走看看也不失為有趣的過程。

壯觀！
千二百座石羅漢沿山而立

愛宕念佛寺

27

愛宕念佛寺

地址——京都市右京区嵯峨鳥居本深谷町2-5
電話——075-865-1231
開放時間——08:00～17:00（16:45閉門）

十年前，我在京都賞楓的雜誌上見到一張難忘的照片：楓葉掉落在一尊尊石頭羅漢身上。或許這並非什麼知名大廟，雜誌並未大書特書，僅以資訊帶過，而我也未刻意尋找。十年過去了，終於清楚的知道原來這張照片的出處，就在嵯峨野的愛宕念佛寺。這裡距離總是人潮洶湧的嵐山鬧區已有一段不短的距離，至少半小時的步行，沿著小徑而行，行經小村落與兩旁的商店家後，終來到路的盡頭，愛宕念佛寺的大門也就出現在眼前。

愛宕念佛寺最大的特點是，境內有一千兩百餘尊石雕羅漢。這些羅漢就沿著有坡度的山壁而立，表情各異。據說，這些都是自昭和時代後的捐贈，所以羅漢石雕的背面都還可以看得到捐獻者的名字。石羅漢在外歷經風吹雨打日曬，自然也流露著歲月的痕跡，幾乎上頭都長滿青苔和露水。秋楓落下之際，楓葉或落於石羅漢頭上、手中，也形成趣味景象。而下雪隆冬，這兒也別

有一番滄桑之美。中島光行說，寺方允許遊客在此吃便當，若坐在本堂的木地板上，邊吃邊賞，也不啻是種享受。「如果以用餐來做比喻，這裡不會成為主菜，但卻是飯後甜點的令人愉悅。」

從愛宕念佛寺山門（左上）進入後，是一段往上階梯。本堂（左中）外是一尊尊的石羅漢（下）。

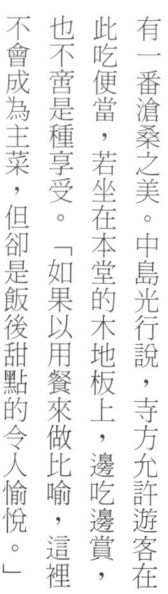

唯美！

查理斯黛安娜拜訪的中國風庭園

詩仙堂

28

詩仙堂

地址——京都市左京区一乗寺門口町27番地
電話——075-781-2954
開放時間——09:00~17:00

詩仙堂已超出京都一日乘車券均一價的範圍，這樣的限制，自然過濾不少看熱鬧的遊客。但一到旺季，像是深秋，仍抵擋不住大批前往的人。回歸平日，建築體不大的詩仙堂兩面都向著庭園，自然是很宜人的賞景處，安靜的坐在榻榻米，看著以中式庭園修剪方式設計出的圓球造型植物，聽著遠方傳來的竹筒敲打聲，也能度過一段很美好的時光。

其實，詩仙堂不只是看出去的這個庭園而已，其坐落在一個凹凸不平的位置，因此也叫「凹凸窠」，走出建築踏著階梯而下又別有洞天，原來庭園外就是個大落差，也同樣是個依地形起伏而設計的戶外自然庭園，一個可以親自在其中走動的環境。據聞，詩仙堂是由武士、文人石川丈山所築，他不但被稱為煎茶始祖，也是日本的漢詩代表人物。他挑選了三十六位中國詩人，請人繪製肖像、並自己以隸書寫出詩詞，這些東西全掛在詩仙堂裡，也是詩仙堂命名的來源。

坐落洛北山間、偏遠、不大，這些看似詩仙堂的限制，實際上真的如此？只要留意就會發現，詩仙堂裡也掛著一幅相片，裡頭有著寺方住持和英國王子查理斯和王妃黛安娜，看來山不在高，有仙則靈。對詩仙堂有濃厚情感的中島光行說，「光、水和綠，是詩仙堂的醍醐味。」看過他網站的詩仙堂照片再到現場，似乎也看到了更多過往看不到的細節。再加上春天花開、夏天綠意、秋日楓紅、冬日白雪，詩仙堂美輪美奐，有如仙境。

詩仙堂的庭園從植栽的造型到細砂有別於其他寺院，雖然室內空間不大，卻很清幽。

地藏院

靜觀！枯山水中尋找十六石羅漢

29

地藏院

地址——京都市西京区山田北ノ町23
電話——075-381-3417
開放時間——09:00~16:30

被稱為竹寺的地藏院就位在距離嵐山車程約二十分鐘處，進入寺廟前的小徑竹林和楓樹滿佈，春夏之時，陽光和參差的竹葉構成了綠油油的漸層，讓這成了幽靜小道；到了秋季，竹子的綠色和轉黃、轉紅的楓葉點綴著小徑，氣氛又有不同。

進入到寺院裡，完全不能拍照，只能用雙眼努力記住眼前的庭園。這是透過枯山水表現十六羅漢修行之姿的庭園，稱為「十六羅漢之庭」，是第二世宗鏡禪師所設計的，和印象中枯寂枯山水的形象有所出入。庭園中枝繁葉茂、樹木有高有低，加上全都是抽象的羅漢，即便有時間想一一找出十六尊羅漢，難度可不小。正中央則有株名椿，約莫三月開花，還有個美麗的品種名「胡蝶侘助」，開花時紅白相間，倒和蝴蝶有幾分相似。

溫馨！
疏水道旁的日常咖啡屋

SHIZUKU CAFÉ

SHIZUKU CAFÉ

地址——京都市左京区北白川小倉町110-4 小倉マンション1F
電話——075-702-2893
營業時間——11:30～16:30，18:00～21:30（週二、第一和第三個週四公休）

還有什麼比坐在一家質感咖啡屋裡，外頭就是一抹綠意，來得更享受？SHIZUKU CAFÉ 規模小，就在銀閣寺白川疏水道的附近，看起來就是一家以服務當地居民為主的咖啡館。溫暖的鎢絲燈、木頭質感的裝潢，加上生活感的雜誌、小物和盆栽，讓這兒彷彿時光停滯在許久以前。

這裡的餐點很受歡迎，簡簡單單的一份主菜、五穀飯、醬菜和湯，就是很滿足的午餐時光。整家店瀰漫著一股溫馨且不嘈雜的氣氛，即便吧台另一側就是廚房，不過店家特意將隔板加高，除了點餐、送餐、付帳外，也看不見在廚房裡忙碌的店員。不受打擾的京都時光，幾乎日日在此上演。

30

簡潔！歷史建築旁的
人氣潮味咖啡館

Arabica Kyoto

31

Arabica Kyoto 絕對不是秘境，其熱門的程度似乎來到京都沒喝杯他們的咖啡就落伍了，但其坐落的位置，總是令人意想不到。像是，Arabica Kyoto 最早的店位在東山區的八坂通上，斜坡的盡頭是法觀寺，兩旁盡是古色古香的建築與商家，唯獨 Arabica Kyoto 純白的簡約現代風，和總是溢出店外的人龍，成了道路上醒目的亮點。第二家店開在風景名勝嵐山的保津川河畔，一眼望出去就能欣賞到河與山共譜的美景。

Arabica Kyoto 兩家店並不大，東山店僅此一張內用大桌，嵐山店只能外帶，即便如此，仍不減其魅力。純白的咖啡機和工作台、打扮時髦的沖咖啡手，在在都和京都的風情大異其趣。其實，Arabica Kyoto 是以咖啡拉花聞名，首席咖啡手山口淳一曾獲得世界拉花冠軍頭銜。這裡的豆子來自品牌在夏威夷擁有的咖啡莊園，自己烘豆。也和許多咖啡店不同，早晨八點就開門迎客。

Arabica Kyoto東山

地址——京都市東山區星野町87-5
電話——075-746-3669
營業時間——08:00~18:00（不定休）

Arabica Kyoto嵐山

地址——都市左京區嵯峨天龍寺芒ノ馬場町3-47
電話——075-748-0057
營業時間——08:00~18:00（不定休）

Arabica Kyoto 以白色為整體基調，臨河的嵐山店（右）視野佳，東山店（下）就位在八坂通上。

百年老鋪與忘記憂愁的好心情

開化堂第六代傳人——八木隆裕

在京都有沒有一個地方，像是吞下特效藥，一造訪便讓人身心都舒暢，有如醍醐灌頂？那會是個怎樣的地方？

我把這樣的好奇與疑問、或說是考題交給了八木隆裕。他是誰？光以京都人來描繪他絕對不夠精確，他是創立於一八七五年、全日本生產手工茶罐歷史最悠久的京都老鋪「開化堂」第六代傳人，道道地地的京都人。

年僅四十出頭的八木隆裕無疑是此題最佳的解答者之一。不光是他身為千年古都住民的身分，還因為接手老鋪的他經常遊走世界各地，眼界廣，也有了更多的比較基準。還有一個很直覺式的理由，無論是他，還是開化堂生產的產品，都散發著樸質的氣質，那是一種看起來沒什麼，實際卻大有內涵的格調，其曖曖內含光，就是有種魔力讓人覺得自在又舒暢。

果然，八木隆裕很快地、似乎不費吹灰之力交卷了。他告訴我，這些地方他也常去，「並不是因為那邊很時尚，就是去了會很放鬆的地方。」

仔細推敲這份推薦清單，的確很有「八木感」。寺廟、咖啡館、餐廳、Bar，第一眼印象並非光彩奪目，但仔細研究，卻發現這當中有著許多驚喜等待被挖掘。到寺廟去坐禪打坐、市中心卻少為人知的偌大庭園、能收納京都無敵自然美景的咖啡館……。似乎人未到現場，我身體的副交感神經早已先被啟動。

真正到了現場自然是有如冬日暖爐夏日冰棒般，一番暢快。這當中有美景、有京都虛無飄渺的禪、更有京都引以為傲的歷史人文時光。然而，我仍一直在思索，是什麼讓這些型態各異的景點，散發出共通氣質？

直到和八木隆裕進行訪談時，我才豁然開朗。那是，京都的「多樣性」。八木隆裕在談到自家老鋪時提到，日本信奉神道教，屬於多神教，他們尊重萬物，水有水神、石頭有石頭神、山有山神……，因此整個社會在同一時空裡擁有多元多樣性。而在京都更特殊的是，散佈京都街道巷弄的老鋪又代表著另一種「因歷史縱深所展現出的多樣性」，兩股多樣性在京都交織，正是迷人之處。

同樣是咖啡館，他針對主題特意選了一明一暗，風格迥異；同位在鴨川畔，清新明亮的咖啡館和復古昏黃的 Bar 同列清單；眾所皆知的寺廟，他推薦的是坐禪打坐、吃早齋。這就是京都因多樣性給人的驚喜。

開化堂主力商品銅製茶筒。

安定感，則是這些景點讓人心曠神怡的共通處。走進鴨川畔的咖啡館，透過落地玻璃望向了緩緩流水和河堤邊隨風搖曳像是影片慢速播放的樹葉，看似眼光向外輻射出去，更多的感受其實是被大自然層層包圍、浸潤的安定感；踏上木結構的寺廟建築，踩著因時光留下痕跡的木地板，那份豐富肌理也同具安穩心理作用。

不少客人還拿著祖母買的茶罐前來維修。
這已經不是單單一份買賣關係而已，而是充滿著人情和傳承之美。

京都豐厚的安定，有如泉水源源不絕。這當中還有一項很難忽略的關鍵，像是開化堂傳承了數個世代的老鋪們，是支撐這股力量的中流砥柱，無論時代的巨浪如何驚濤駭浪，這些沒有被時代沖走的老鋪一直默默在那兒。

少了他們，這座城市也就少了靈魂。

八木隆裕並不諱言，傳承老鋪的神髓是莫大考驗。純手工打造，一直都是開化堂引以為傲的獨特之處，特別是一個茶罐竟有一百三十多道工序，他花了十年蹲馬步學基本功才能掌握箇中關鍵。而且，「幾乎都是看不見的細節」。好比蓋子和茶罐的密合度究竟如何才算是合格？沒有參考數據、也不是用尺來度量，唯一靠的是日積月累下的經驗判斷。至今，他經手做好的茶罐仍會交給父親轉動蓋子和筒身來看看是否太緊或太鬆。

然而，也曾經有好長一段時間，因為工業化革命，機械化生產的產品成為當紅炸子雞，開化堂

被認為跟不上時代腳步而乏人問津。八木隆裕表示，他的爺爺為此不得不在店鋪前面經營起賣藥的副業，來彌補一落千丈的茶罐生意。「了不起的是，爺爺並沒有放棄手工製作茶罐。若當時他放棄了，這樣手工製作茶罐的技術就不會流傳下來。」

什麼該變？什麼無論如何也不能變？改變之後是失去靈魂、還是脫胎換骨？對老鋪來說，這些如此困難的決定隨著時空更迭永遠都存在。

八木隆裕提到，開化堂茶罐最經典之處就是把上蓋放上罐身後，蓋子會自動滑落。「緊密又不能太鬆，」以前如此、現代亦然。可是他們沒向外說的祕密是，近期他們把蓋子和筒身之間非常非常微小的空隙，做得比以前再寬鬆一點。原因是他們反覆觀察到，現代人喜歡拿蓋子的中下段，和老一輩人拿蓋子頂端的習慣大不相同，且這會影響到蓋子滑下的順暢度。

而為了在日本人口數減少、市場也跟著縮小的時代，這位大學主修英文的第六代自二〇一〇年也積極到海外開疆闢土，英國、美國、台灣等地都可以買得到開化堂商品。到了海外，除了經典的日式茶罐外，更出現了英式紅茶罐、義大利麵罐，甚至裝咖啡豆的罐子。儼然成了一個儲物的容器。形式變了，但依然是百餘道工序純手工打造。

這些舉動或許更貼近時代脈動，然而令人由衷感動的是他們並沒有忘記曾經支持他們的那群人。八木隆裕說，不少客人還拿著祖母買的茶罐前來維修。這已經不是單單一份買賣關係而已，而是充滿著人情和傳承之美。語畢，八木隆裕起身拿起了數個開化堂的茶罐，銀色、銀色上頭佈滿紋路、黑色……，這些並不是不同款式，而是歷經光陰洗禮，在鍍銀茶罐氧化所展現的痕跡。出現在我眼前暗黑色卻充滿力量和潤滑感的茶罐，已經有一百年的歲數。

從奪目的銀色到充滿潤澤感的深黑色，正如同京都一樣，經過時間洗煉，越見沉穩與豐厚。

32

開化堂 

地址——京都市下京区河原町六条東入
電話——075-351-5788
營業時間——09:00 ～ 18:00（週日、國定假期公休）

蘋果設計師
催生無敵河景咖啡館

efish Cafe

33

除悠悠歷史和文化外，京都最迷人的，還有無所不在、唾手可得的自然。懂得過生活的京都人還把花草樹木石頭水等搬進住家庭園，然而最奢侈的莫過於，渾然天成的大自然就在窗戶外頭。efish 的獨特也就在此，位在京都鴨川畔，偌大的牆面成了透明玻璃。很奇特的是，從河的對岸、五條大橋前往的路上，efish 陳舊的外觀看起來並沒有多麼特別，可是一坐到八木隆裕口中最棒的臨河畔座位，感受馬上不同，波光瀲灩的緩慢水流，加上對岸種植的綠蔭，整個人也跟著放鬆起來。

這是間充滿現代設計感的咖啡館，老闆本身就是曾待過蘋果的知名工業設計師西堀晋，店裡因此也有空間陳設販售各式雜貨。efish 的輕食頗有特色也很多元，從秋葵豆子咖哩、三明治到日式甜點，應有盡有。在這裡喝咖啡似乎不那麼單純，喝咖啡也似乎隱含著轉換心情的嚮往。

在 efish 吃甜點喝咖啡（左），鴨川對岸的綠蔭、河景（左下）一覽無遺。店裡也販售生活雜貨（右下）。

efish Cafe

地址——京都市下京区木屋町通り五条下ル西橋詰町798-1
電話——075-361-3069
營業時間——10:00~22:00

老房子裡的療癒咖啡

Café Bibliotic Hello

34

很難想像，京都人愛喝咖啡更勝過抹茶、綠茶。而且，京都人還是全日本咖啡消費量第一的城市。可是頗為弔詭的，要隨時隨地在京都喝到咖啡並不是那麼隨心所欲。不少京都咖啡館開門迎客的時間，又短又晚，經常快到中午才營業，晚餐時段就閉門。Café Bibliotic Hello 正是晚開門的其中之一，開店前早已出現等候人潮，開店沒多久店裡馬上高朋滿座。

這是八木隆裕口中「最暗的咖啡館」，雖有整面幾乎落地的對外透明玻璃，不過外面擺滿綠色植栽，光線僅能曖昧、隱約的透進屋內。陰翳感和咖啡館所屬的老屋可謂相得益彰，毫無違合感。兩層樓、擁有挑高大廳，讓這空間更顯趣味，從一樓往上望向屋樑和從二樓向下看感覺、氣氛截然不同。

Café Bibliotic Hello 和京都為數不少咖啡館一樣，供應水準很高的餐點。一份香煎雞腿，皮焦脆肉

軟嫩，附上的芥末醬也是罕見大顆籽的，更讓人驚喜的，一旁附上的時蔬多達八種，充分展現京都野菜的豐盛。好食物、好空間，就連播放的音樂也恰如其分，這裡油然而生的療癒感令人迷戀。對了，就在和咖啡館相通但擁有獨立出入口的隔壁，是同老闆開的麵包店及藝廊，有機會也不妨順道一訪。

Café Bibliotic Hello

地址——京都市中京区二条柳馬場東入ル晴明町650
電話——075-231-8625
營業時間——11:30～24:00

百年老鋪的大人味咖啡館

Zen Cafe

35

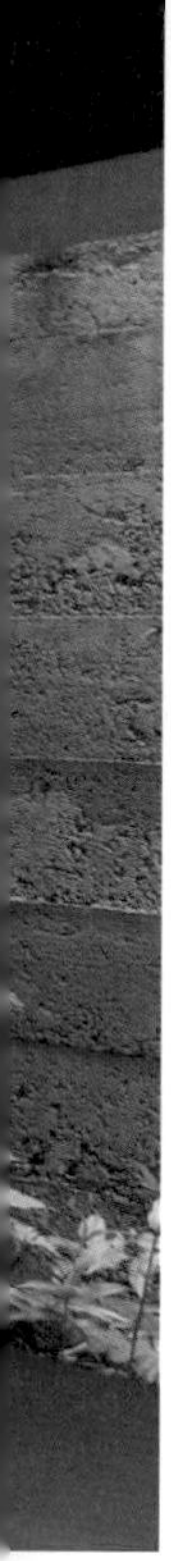

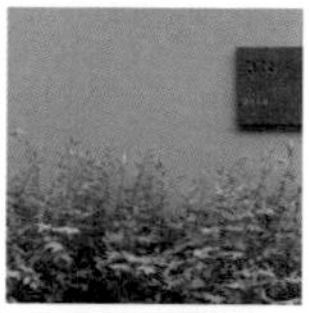

這是開在祇園花見小路的一間咖啡館，幕後的老闆是同位於祇園、成立於十八世紀的菓子老鋪鍵善良房。只不過，這間以京都禪精神命名的咖啡館，走的是現代簡約風，和寬敞老店的古典風格不盡相同。老店跟著時代推出新式咖啡館，自然好評不斷，座位數有限加上每日七小時營業時間，經常是大排長龍。

走進店裡，空氣瀰漫著一股沉靜優雅的氛圍。正如八木隆裕表示的，「這個空間更大人味，會讓人安靜不想講話。」

咖啡館裡最吸睛的莫過於一片長木板所構成的低吧台了，僅六個座位，面對的是以透明玻璃開了大片框景的一面白牆，玻璃外可見清水模圍起空間種植了松樹與低矮蕨類。雖然風格和本店截然不同，Zen Cafe 在空間中所展現出藝術感則和本店如出一轍，無論是掛在牆上的花瓶、用來裝

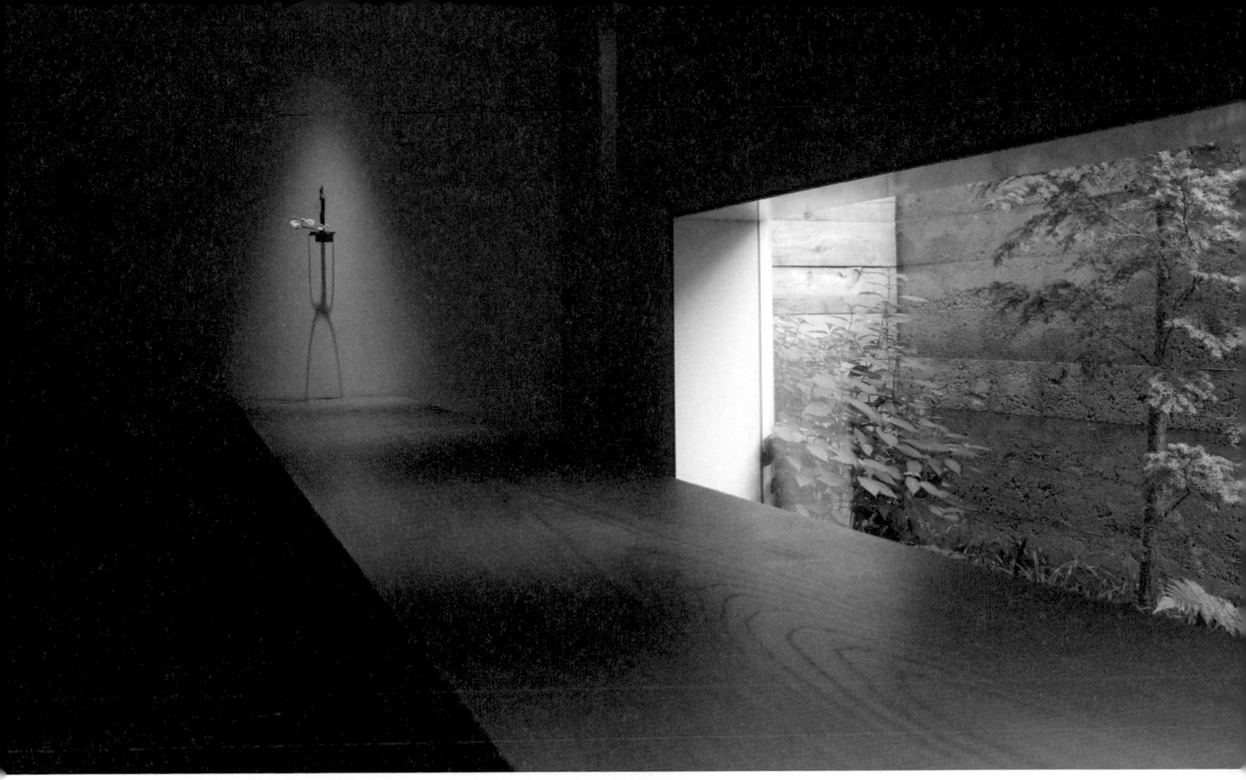

和菓子的盤子等都是一時之選，不乏當紅藝術家作品。這裡也提供本店大受歡迎的黑糖葛切與季節菓子，無論搭配抹茶還是咖啡都能享受一個美好的午后。

Zen Cafe

地址——京都市東山區祇園町南側570-210
電話——075-533-8686
營業時間——11:00~18:00（每週一公休。國定假日營業，隔日公休）

欣賞日式木構建築的恢宏

東本願寺

36

東本願寺

地址──京都市下京区烏丸通七条上る
電話──075-371-9181
開放時間── 05:50~17:30（3~10月），06:20~16:30（11~2月）

東本願寺實在是一個殺時間的好去處，猶記得十年前第一次造訪京都，離去前搭火車的一小時的空檔，就是坐在東本願寺又長又寬的長廊渡過的。因為開闊、因為木頭彰顯出的紋理與時間感、因為夠通透，這兒絕對是理想放鬆身心靈的好去處。雖然東本願寺近幾年進行大規模整修，經常看不清其真正面貌，不過阿彌陀堂的整修二〇一六年春天告一段落，訪客又能一窺東本願似的恢宏氣勢。

對八木隆裕來說，東本願寺就是很日常的逗留之處。小時候祖父帶著他到這溜達，而現在他則是經常騎著單車、載著兒子到這兒。他透露此地最美的畫面是，「秋天的銀杏樹、藍天，再加上本殿的顏色是很美的。」這樣的組合不僅是美而已，不知為何在我的印象中，是很京都的顏色之一，清透中充滿著明亮。東本願寺還有一處少人知的神祕空間：參拜接待所，隱密的藏在地下，空間有著神聖氣氛，也值得一訪。

37

涉成園

大隱於市中心的幽幽庭園

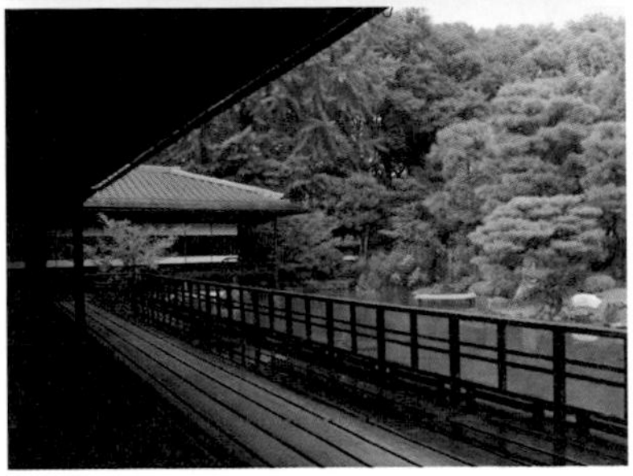

涉成園

地址——京都市下京区下珠数屋町通間之町東入東玉水町
電話——075-371-9210
開放時間——09:00~17:00（3~10月），09:00~16:00（11~2月）

涉成園絕對是京都秘境的潛力股。一般的秘境通常地點偏僻，隸屬東本願寺的涉成園就在京都火車站附近，站在裡頭，即可很深刻的感受到附近的現代化高樓包圍著這片一萬六千坪的綠地，京都塔就在咫尺。不僅如此，根據多次前往的經驗，參觀遊客幾乎屈指可數，散步在其中，很能自由自在獨享庭園美景。

這是一座池泉迴游式庭園，也就是說，順著參觀路線會將整個庭園繞上一圈。涉成園裡散佈著茶室、拱橋、水池、書院等，有著涉成園十三景。剛步入其中，就能先看到著名的「高石垣」，由礎石、石臼、山石等不同形狀大小石頭堆疊起的一面牆。據說，涉成一詞的來源是取自於中國詩人陶淵明的〈歸去來辭〉。境內則植滿各式植物，一年四季都有花可賞，三月梅花、四月櫻花和茶花、五月蓮花、六月杜鵑……。

38 妙心寺・春光院

體驗日式坐禪的奧祕與科學

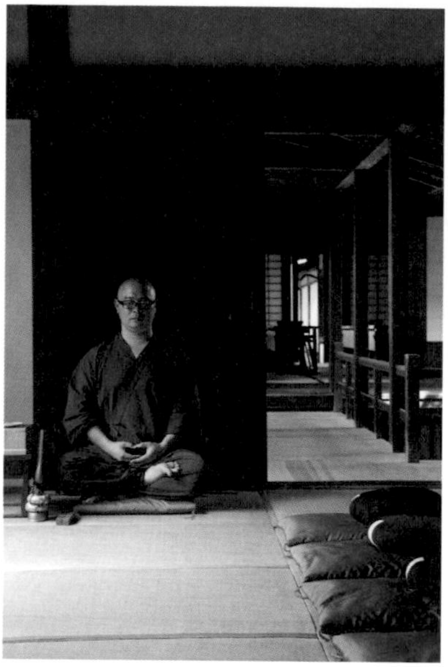

京都為數不少的寺廟是和尚僧侶修行之處，這也是為什麼外人造訪往往能感受到禪與清幽感。提供遊客坐禪體驗的妙心寺春光院則讓人更貼近寺廟生活。很特別的是，來這坐禪體驗的有超過半數都是非日本籍的遊客，全是衝著不用懂日文也能有如此新奇體驗而來。原來，出生在春光院的副住持川上全龍曾留學美國，也取了美籍妻子，曾在TED論壇發表演說的他不但以流利英文解說坐禪種種，還引用國外科學研究作為支持。

一個半小時的坐禪體驗，其實包含約三十至四十分鐘的講解和兩段坐禪、三十分鐘的春光院和庭園導覽、及抹茶和菓子品飲。當所有人坐在為了讓盤腿的腳低於腹部的圓形坐墊上，川上全龍講解了坐禪的姿勢、呼吸方式，甚至坐禪冥想怎麼讓人平靜。「吐氣時身體能放鬆，所以要略比吸氣還來得長。」「坐禪二十分鐘腦中的含氧量會降至和睡眠六小時相同等級，會讓身體感到放鬆。」這些說明都指向坐禪冥想的重點：「沒有判斷評論，不想過去、不想未來，只專注在當下。」

第一段二十分鐘的坐禪冥想，當我坐在窗明几淨的榻榻米，閉著雙眼、專注一吐一吸的當下，寺裡的鳥叫和微風吹撫的聲音也漸漸清晰，雖然盤著的雙腳也漸漸出現痲痺感。相較之下，第二段五分鐘的坐禪就來得容易多了。這全是川上全龍的策略，他鼓勵大家任何時間地點，短短五分鐘就能透過坐禪冥想，找到自己內心的舒暢與平靜。

春光院其實還提供住宿的服務「哲龍窟」，不少外國人就居住在此，也是種新奇體驗。要提醒的是，妙心寺境內廣大，更擁有許多不同的分院，若要前往春光院最好事先研究好地圖，以免迷了路。

妙心寺・春光院

地址——京都市右京区花園妙心寺町42
電話——075-462-5488
開放時間——平常不對外開放，一日有三時段（09:00~10:30、10:40~12:10、13:30~15:00 ）開放坐禪體驗，前兩個時段無需預約，下午時段為五人以上需預約。會依季節調整時間，建議事前先電話或上網確認。

39

清早靜坐和早齋的雙重享受

建仁寺・兩足院

或許建仁寺的名聲過於響亮，旗下兩足院的風采也就略顯黯然。有京都最古老禪寺之名的建仁寺就坐落在京都精華的祇園地區，不管是潮音庭，還是寺內的風神雷神圖都大名鼎鼎。兩足院就位在建仁寺境內，有著「半夏生」（一種植物）之寺的封號，每到六月中旬至七月中旬開滿白花的庭園，入選京都絕景。

為了找尋找暢快的好心情，我循著八木隆裕的推薦，焦點全不在這些花花草草上頭，而是前來坐禪冥想。只不過貪食的我替自己額外加碼，參加了坐禪和早粥的體驗。八點不到，祇園的巷弄靜得讓人難以想像夜裡的喧囂。和妙心寺春光院的坐禪大不同，來參加的人清一色都是日本人。

兩足院坐禪體驗感受最特殊的便是，副住持伊藤東凌會拿著稱為警策的長木棍從參與者兩肩拍打背部。伊藤東凌在坐禪前特別囑咐，要進行這項儀式時，一定得雙手交叉抱胸，頭前傾低下。閉眼坐禪後，啪～啪～有如拿皮帶鞭打地面的聲響不絕於耳，原以為是某項儀式，實際張眼偷瞄才發現，那聲響是來自木棍拍打背部！沒錯，木棍不是輕拍，而是重重打下毫不手軟。原來，這樣的儀式是為了去除、糾正內心的雜念。事後，挺著略痛的背部看看那掛在柱子上的警策，上頭可是寫著：本來無一物。

最後的早粥是所謂的「精進料理」（素食），是提供許多寺廟精進料理的老店矢尾治所製作的，菜色包含粥、豆腐、醬菜、燉菜等。伊藤東凌說，為求不浪費，碗裡的粥得吃得一乾二淨，通常會利用一塊醬菜把碗內刮得清潔溜溜。

建仁寺・兩足院

地址——京都市東山區大和大路通四條下ル4丁目小松町591建仁寺山內
電話——075-561-3216
開放時間——體驗時間請上網查詢、預約

40 梅小路公園

賞花溜小孩的絕佳場所

梅小路公園
地址——京都市下京区観喜寺町56-3梅小路公園内
電話——075-352-2500
開放時間——無限制

和京都多數景點大不相同，梅小路公園屬於新興景點，一九九五年開園，二〇一二年又再增加京都水族館。從京都火車站步行十五分鐘可達，不過公園的面積可不小，走完一圈需三十分鐘至一小時跑不掉。想要接地氣，來這準沒錯，現場幾乎都是日本人，不少人攜家帶眷或坐在草皮上，或玩起接投球等運動，也有學生在此排演練舞，及主人和毛小孩在此散步。似乎是個很在地日常的場域，八木隆裕為何推薦？原來他考慮到親子遊的人，「京都可以讓小孩子輕鬆玩的地方並不多。」這裡開闊的空間和草地是親子闔家很能放鬆、盡興的地方。

其實梅小路公園也可以很大人味。四季輪替的花卉可賞；淺淺的小水流上頭有著綠蔭遮蔽，有人就坐在樹下水流邊看書、野餐；每月第一個週六這裡則有手作市集；鐵道迷也能在這獲得滿足，因為鄰近京都火車站，公園一角又能近距離觀賞鐵道，正是按快門的好去處。

不懂日文也能吃遍京都家常菜

登希代

41

登希代
地址——京都市東山区縄手通新橋上ル元吉町42
電話——075-531-5771
營業時間——17:30～22:00

同樣是餐廳，為什麼登希代會帶來好心情？帶著這個疑問我前進京都精華區祇園。循著手機裡的地圖找到登希代，沒有華麗的招牌與外觀，掀開暖簾拉開門，迎接我的是上了年紀的一聲歡迎光臨，柔軟但卻不失溫度與力量。略帶昏暗的空間，僅僅兩張小桌、一間包廂和一個L型的吧台，這家開張三十年的餐廳，賣的不是什麼名貴料理，全是媽媽的家常菜。

最吸引人、也是最讓人享受的是京都人喜愛的「御番菜」（意指家常菜）。登希代的吧台上必定擺著數個大盆裝的菜色，有點類似中式盆菜。菜式絕對家常，像是馬鈴薯沙拉、筑前煮、佃煮南瓜、可樂餅等。先點杯啤酒或清酒，完全不用讀懂菜單，只需伸出單手指指點點，就能盡情享用這日式媽媽的味道。即便菜色簡單不是大菜，但蘿蔔燉到恰巧入味軟嫩適中、豆腐花枝煮鮮美，滋味足以讓人直對著老闆大喊：「喔依稀。」

42

小店的溫柔懷石料理

なか原

Nakahara

在餐廳密集的祇園，若沒有帶路人或推薦最好不要隨便進到一家餐廳。這是一位京都朋友的看法，理由是消費可不便宜。對我來說，倒不是因為價格而卻步，實在是這邊的店家多如牛毛，根本無從選擇起。好在八木隆裕供出自己的愛店之一「なか原」（讀音Nakahara）。這是位於祇園北側的日式懷石料理，年僅約十歲。和京都不少餐廳雷同，なか原並不大，吧台六個座位和一張矮桌而已。整家店也沒有外場服務人員，靠的就是主廚中原悟和一名助手，隨意感讓人享用起一頓懷石料理也去除不少拘謹。

從開胃小菜、生魚片、湯，到烤魚、炸物、煮物，なか原端出的每道菜都可以品嚐到豐富的層次，特別是餘韻悠長。這時才想到，關鍵應該就在日式料理基礎中的基礎——高湯。我在筆記當中寫著：「高湯令人有直接的感動，是很有深度的高湯。」詢問之下，中原悟還特地向我秀了那鍋清透的高湯。果然，日本料理調和、整合味道和食材就是得依賴高湯。

循著四季更迭而變化，是京懷石最令人津津樂道之事。なか原也不例外，短短一個月便更換一次菜單。春季的鯛魚、夏季的海鰻（日文寫作鱧魚）、秋季的松茸……。造訪當時，正是海鰻產季，除了海鰻生魚片、海鰻押壽司，還嚐到只火烤幾秒、立刻擺到冰塊上冰鎮的海鱧，可說是嚐到一種食材的不同呈現。

なか原又帶來了一次愉悅、輕鬆的用餐經驗，坐在吧台的我，看著主廚的這些臨場「演出」，偶爾也和主廚用很簡單的日文聊聊。很訝異的，中原悟雖然生活在京都，可是壓根沒賞過櫻花。「怎麼可能？」是我當下的不可思議。中原悟說，他的生活就是住家和餐廳之間。可見這餐的美味，絕對不是偶然。

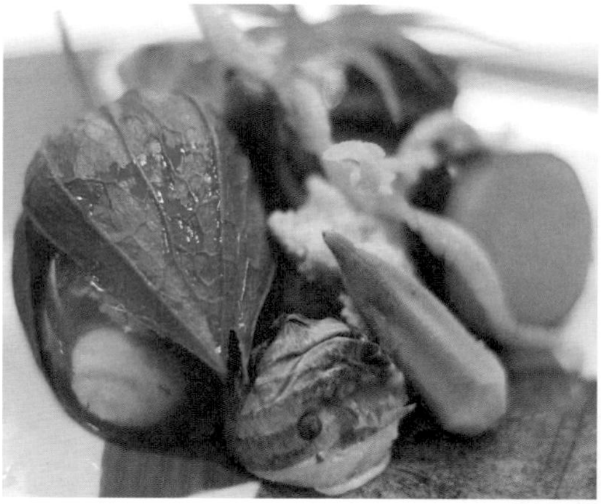

なか原（Nakahara）

地址——京都府京都市東山区祇園町北側286-5
電話——075-551-5215
營業時間——11:30~14:00，17:00~22:00（週日、國定假期公休）

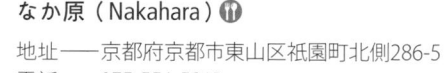

老屋裡的療癒系酒吧

K家別館

43

K家別館

地址——京都市麩屋町通三条上ル下白山町297
電話——075-255-5244
營業時間——17:00~02:00（週三公休）

對於能進到京都老房子裡，一直都有種嚮往之情，而且再多也不膩。那是對於時光和歲月痕跡的一種傾慕，內心獲得安定的一種方式。京都老房子再活化的案例實在不少，不過還未真正進到京都老房子，你永遠無法想像裡頭是個什麼世界。從外觀來看，K家別館算是極具反差的一處老屋再生，一整個日式風格的木隔紋大門和日式圍牆、屋簷，有著一塊現代簡潔的白色招牌，上頭寫著bar K家。

沉穩略微昏暗的空間中，吧台是很棒的座位，只要稍微抬頭就能欣賞到挑高的空間和屋樑結構，暗咖啡色的木頭和這片寂靜的空間相互輝映。整個空間裡也沒有多餘的裝飾及雜物，雙眼很能聚焦在建築與食物上頭。啤酒、清酒、調酒、紅白酒，及下酒小點應有盡有。八木隆裕說，這裡營業到超過午夜，是很大人味的地方。不知是老屋的氛圍使然，還是什麼原因，喝酒的bar一點也不嘈雜，反倒是瀰漫著一股寂靜。很適合人數少少的好友或情侶一同前往。

鴨川畔的洋味小酒館

Sent James Club本店

44

Sent James Club本店

地址——京都市下京区西石垣四条下る斉藤町140-19
電話——075-351-7571
營業時間——19:00~02:00（週日17:00開始，元旦公休）

同樣可以小酌，Sent James Club和K家別館簡直天壤之別，K家別館沉穩內斂，Sent James Club就如同其洋名一樣，濃濃的洋味，奔放不少。Sent James Club就坐落在京都夜生活最精彩的區域——四條河原町，且就在鴨川一側，因此每到五至九月，Sent James Club也有戶外的川床（搭建在鴨川上的平台，有納涼之效）座位區。在昏暗幾乎沒有太大光害的河床上方，月亮就是光照來源，別有一番雅緻風情。

紅磚、黑鐵、昏黃燈光，整體空間的氛圍很有倉庫、工業風，Sent James Club在京都已經營了有二十年之久，算是當地老牌。有趣的是，即便外貌打扮再怎麼洋化，Sent James Club還是不時流露出骨子裡道地的日本味，吧台後方的玻璃杯就是典型的日本哨子工藝品；酒單當中也有隨著四季推出的主題調酒，春天的櫻、夏的清涼、秋天的栗與柿、冬天的暖。

小巧京都的侘寂與民藝

Shikama Fine Arts店主——四釜尚人

一直以來，侘寂（Wabi sabi）是外人欣賞京都之美、甚至是日本文化，不可或缺的理解。嚴格點來看，若是沒親身體驗過侘寂，存在你腦中的京都也許也就不那麼京都了。

侘寂遍及京都大小場域，卻也不容易被看見，畢竟比起華麗炫目的呈現，沉穩氛圍、帶點殘缺感的侘寂在視覺上並不奪目，也不討喜。

好比，打亂似錦繁花的大雨。雨天，大概是所有旅人最厭惡的天氣了，沒有了豔陽與藍天，不僅整個城市灰矇矇一片，還搞得整身溼漉漉的，甚至嬌豔的櫻花就在無情的落雨中香消玉殞。然而，或支解為片片花瓣或整朵花苞隕落的櫻花竟也有種淒涼之美，這種對生命逝去的感傷，就是侘寂味。

四釜尚人藝廊的招牌樸實可愛。

好比，古寺裡凍結時間的元素。古寺裡的侘寂多半不在宏偉的建築結構，而是隱於微小事物，一根滿佈鏽斑的釘子、一塊經歷風霜的木板、一片掉落在枯山水的落葉。我們感嘆時間的流逝與虛無飄渺，卻也在這些細微之處看見逝去時間的軌跡，美也就在其中展現。

侘寂究竟是一個什麼樣的生活美學？又為什麼可以發源自茶道，卻全面影響日本的文化，進入日本人的生活之中？在京都經營「Shikama Fine Arts」藝廊的四釜尚人成了我的諮詢對象。曾經留學英國、主攻藝術史的他，回到日本後一直從事和藝術品買賣相關的行業，但背後更大的動力，則是他想成為日本文化和外國人之間的橋樑。二〇〇七年，他選擇在京都市的精華中心地區開設 Shikama Fine Arts，這個小而美、約只有數坪的藝廊，縱然擁有兩片落地玻璃，裡頭依然強烈的昏黃一片，也就成了日本文化和生活藝術的小天地。

原以為要詮釋侘寂，對他易如反掌，沒想到，這不僅對外人是個難題，對日本人也是。反覆溝通過程中，四釜尚人甚至表示，「侘寂的意義很難解釋。這是一個難度相當高的主題，想法和結論都因人而異。」

這和研究侘寂的作家李歐納．科仁（Leonard Koren）在《Wabi-Sabi：給設計者、生活家的日式美學基礎》開宗明義提到的不約而同：「如果問起 Wabi-Sabi 是什麼，大部分日本人都會搖頭、躊躇猶豫，並會為其難以解釋的窘境擠出幾句抱歉。雖然大多數日本人聲稱他們了解 Wabi-Sabi 的感覺——畢竟它屬於日本文化的核心——但極少有人能好好說明這種感覺。」

最終，四釜尚人用著「很侘寂」的方式——簡潔帶著無限想像的說法，向我詮釋侘寂。「一般來說，侘寂帶著穩重、古樸之感，視覺上也格外簡潔。」展現在視覺上，侘寂事物多半力求簡潔，甚至帶點殘破和陰翳，就如同被視為侘寂始祖的茶聖千利休將茶室改為古農家的草庵式建築，並限縮在兩疊榻榻米大小、移除不必要的裝飾，就是要盡可能不受干擾。

越簡潔能運用的素材越少，也就意味著樣樣是關鍵。可以說，越簡單反而越難。李歐納．科仁在《重返 Wabi-Sabi：給日式生活愛好者的美學思考》解釋著這背後的精神價值其實是：安貧。「安於貧困，也就是有意識地基於自己的選擇擁抱貧困，並且欣賞其中的美……」

四釜尚人提醒，除了因人而異，經過三、四百年的演繹，侘寂真正的意思也會隨之改變。就像後來也出現「漂亮的貧寂」（日文：綺麗さび），就是跳脫了原有略帶陳舊、清瘦的調性。

把菜盛裝在有質感的器皿並非很奢侈，但菜卻會更好吃，
心情也會更愉快，更會帶來心靈滿足。

對於侘寂，四釜尚人並未侃侃而談，但同樣追求生活之美的民藝，他可有滿腹經驗，因為這正是他藝廊經營的重心。每年除了常設的展覽外，兩次的特展也都是圍繞在民藝上頭。這個由柳宗悅提倡的運動，意指民眾的工藝，「格外強調庶民日常生活當中展現美麗的東西，多半沒有太多裝飾，而且相當實用。」這些美感的來源，不像美術品高高在上，就是一些尋常日用的物件。

他舉例，同樣吃一頓飯，把菜餚隨便盛裝在普通器皿，和擺在富有美感且實用的器皿上，氣氛可能天差地遠。「這（把菜盛裝在有質感的器皿）並非很奢侈，但菜卻會更好吃，心情也會更愉快，更會帶來心靈滿足。」這也說明了，為什麼一頓懷石料理不但有自然的元素成為裝飾，如竹葉、楓葉、櫻花等，運用的大小器皿不但多，也隨著季節而輪替。

這正是京都的風雅與風流，也是四釜尚人落腳京都的吸引力。四釜尚人尚未在京都經營藝廊前，就經常帶著客戶穿梭在京都大街小巷。他形容，「整個京都就是一間大博物館。」除了雙眼所見的盡是充滿歷史風情，還能體驗真正的文化內涵。他表示，以京都的骨董來說，有大更有不少小物件，如茶道用具、生活器具等，一般人也很容易入手，近而拉近人與骨董的距離。甚至，為數不少的餐廳選用骨董器具就是種風尚，完全不會因為骨董而將之束諸高閣。

不光是小物件多，因歷史、時間感給人博大厚度與廣度的京都，事實上卻擁有極佳的尺度，小巧而細緻，是許多人包含四釜尚人鍾愛京都的另一個理由。

他表示，京都大小剛好，特別適合生活。「無論是騎腳踏車還是走路，都很舒服。」就連存在城市裡的店家也如此。對比東京以連鎖店居多，在京都規模不大的小店家反而是主流。

外人或許會覺得，一家僅僅十個位置不到的咖啡廳、餐廳，該怎麼營運？不過，正是他們努力呈現自己的特色，專注把每個細節表現到位，而讓生意可以源源不絕且細水長流。

小巧京都，其實一點也不小，因為處處都有一世界：榻榻米上一個滿佈氣泡的抹茶盛裝在修補過的茶碗裡，就是侘寂的風景；日日使用的器皿中，就有民藝的精神。

45

Shikama Fine Art

地址——京都市中京区姉小路通富小路東入ル南側 黄瀬ビル1F
電話——075-231-4328
營業時間——週六、週日13:00~18:00（週一到週五不定期公休）

經典京都味結合現代風枯山水

東福寺・方丈庭園

46

提到東福寺最直接的聯想便是，楓紅。作為賞楓名所，每年十一月，為了魚貫而入的大批觀光客寺方還得提前開門。這時的東福寺是熱騰騰的、喧囂的。但避開了這短短一個多月，如同天和地的差別，這兒成了靜默、寂寥的場域。這也是四釜尚人推薦的京都侘寂味。你若曾經歷過明亮豔紅橙黃的數千株楓樹及滿坑滿谷的人潮，那就更明白這種洗盡千華的孤寂感。

經常帶朋友造訪的四釜尚人說，「寺內經常只有我們一組人，就像是包場一樣。」他很享受不受干擾地坐在方丈建築欣賞充滿侘寂感的庭園。名作庭師重森三玲在方丈建築的東西南北各作了一個枯山水庭園，以細砂、石頭、植物等元素來描繪具象的海浪、山，甚至是天上的星星。這四個庭園在京都算是年紀輕的，一九三九年才完成，除了有寺方創建鎌倉年代的剛健風格，也揉合了現代語彙，最有名的便是北庭以方石和青苔組成的棋盤紋路。五月，是另一個造訪的好

本頁右——進入東福寺前的臥雲橋，即可看到滿山楓樹。
本頁左——東福寺著名的北庭由石與苔組成棋盤格紋路。

時機，此時人煙寥寥，東福寺則有剛長出的「新綠」楓葉可賞。翠綠清透，搭配著飽滿的藍天，是很清爽的新鮮感。

東福寺

地址——京都市東山区本町15丁目778
電話——075-561-0087
開放時間—— 4~10月底，09:00~16:00；11月~12月初，08:30~16:00；12月初~3月，09:00~15:30

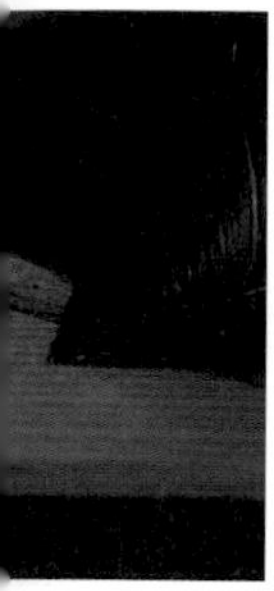

茶會常見的
淡雅滋味

麩嘉
麩饅頭

47

麩，是京料理中不可缺少的元素，多見於煮物或湯品，不但有裝飾作用，品嚐起來軟中帶黏，也有幾分趣味。麩其實是將麵粉中澱粉洗去後剩餘的蛋白質，如同我們熟知的麵筋。在京都提到麩，麩嘉的名聲可響亮，除了在京都御苑附近的本店外，另有大家較熟知、也較容易到達的錦市場店。四釜尚人說，不少日式茶會都會用麩嘉的「麩饅頭」，也因此當提到京都的侘寂時，便想起了麩嘉。

比起錦市場店，麩嘉本店更具京味，是棟超過一百八十年的木建築，外頭的布簾是一個手繪臉譜，一旁寫著麩的日文拼音：FU-KA。這裡雖然以預訂為主（非零售店面），但訂了再來取貨反而是種新奇的和風體驗。麩嘉在製作麩的過程，也得靠職人的經驗、手感。據說，他們特別使用了滋野井的井水，是美味的關鍵。麩饅頭外頭裹著竹葉，打開後淺綠色的麩光滑，一口咬下裡頭則是包著紅豆餡，味道淡雅。近年來，麩嘉也做了不少創新，像是羅勒、番茄等很具挑戰的口味。

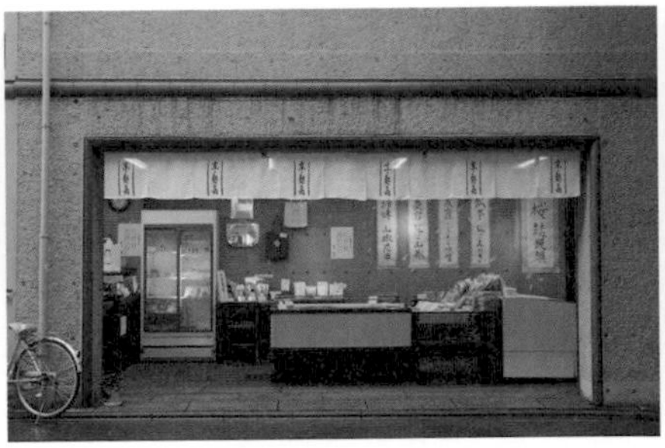

麩嘉本店

地址——京都市上京区西洞院堪木町上ル東裏辻町413
電話——075-231-1584　營業時間——09:00~17:00（週一、一至八月的最後週日公休）
備註：本店購買商品需提前預約

麩嘉錦店

地址——京都市中京区錦小路通堺町角菊屋町534-1
電話——075-221-4533　營業時間——09:30~18:00（週三至17:30；週一、一至八月的最後週日公休）

在安藤忠雄設計的建築裡近觀莫內水蓮

アサヒビール大山崎山荘美術館

朝日大山崎山莊美術館

48

什麼才算開發？保留、修復舊有的建築，能算是一種開發？從朝日大山崎山莊美術館有著絡繹不絕的訪客可驗證，善用先人留下的資產也能活絡當地。朝日大山崎山莊美術館並非在京都市區，而是約十五分鐘電車的京都府山崎。過去是企業家加賀正太郎的別墅，主樓走的是英國風格。在加賀正太郎過世後，這裡幾經轉售，也由於建築年久破敗後來還一度出現拆除、改建公寓的聲浪，好在和加賀家有淵源的朝日企業應京都府和大山崎町的請求，接手並著手整理，才有今日的面貌。

一座博物館，和京都的侘寂何來關聯？整體而言，坐落山上的朝日大山崎美術館有種隱蔽感，自然流露著靜謐氣氛。更直接的，這裡還有名建築家安藤忠雄所設計的兩棟建築：地中寶石箱、夢之箱。地中寶石箱是安藤忠雄典型的清水模建築，灰白一片，由於動線設計之故，進入前得先經過一條往下的樓梯長廊，前方和兩旁是隔著透

從車站搭接駁車到了朝日大山崎山莊，還得再往上走一小段路。

明玻璃的戶外一片綠意盎然，漸漸的就如沉入海底般光線暗了下來，進到沉穩的館內。

朝日大山崎山莊美術館的館藏同等精彩。地中寶石箱展出多幅印象派畫家莫內的睡蓮畫作，沒有欄杆和紅線，也無洶湧人潮，可走近走遠好好找到最佳的角度。此外，加賀正太郎生前有著蘭花夢，也在這栽培各式蘭花，出版《蘭花譜》植物圖鑑，如今由雕刻木版印製、有著浮世繪風格的蘭花譜，也能在此欣賞到。朝日大山崎山莊美術館還有民藝作品，涵蓋繪畫、陶藝、雕刻等。策展也頗具新意，我前往時正以「植物」為題展出，還看到不少同種植物被畫作和呈現在陶器上的對照。雖位於山上，從山下步行約十五分鐘，不過很貼心的，美術館有來回火車站的免費接駁車，可事前看好時刻作為代步工具。

アサヒビール大山崎山莊美術館（朝日大山崎山莊美術館）

地址——京都府乙訓郡大山崎町銭原5-3
電話——075-957-3123
營業時間——10:00~17:00（週一、年末公休，若週一逢假日則隔日公休）

著有《日本顏色辭典》（日本の色辞典）、《源氏物語的顏色辭典》（源氏物語の色辞典）……等多本研究日本顏色書籍的吉岡幸雄，被稱為染織史家，是日本顏色首屈一指的專家。翻閱他寫的書，便會被色彩牽引著，有如置身美輪美奐的天堂。正如他其中一本書腰上寫的「媚惑的配色、四季的花色」，你會驚豔於那顏色的淡雅、細膩和柔和，總帶點侘寂的氛圍，似乎和現在常見、濃厚豔麗的顏色大不同。

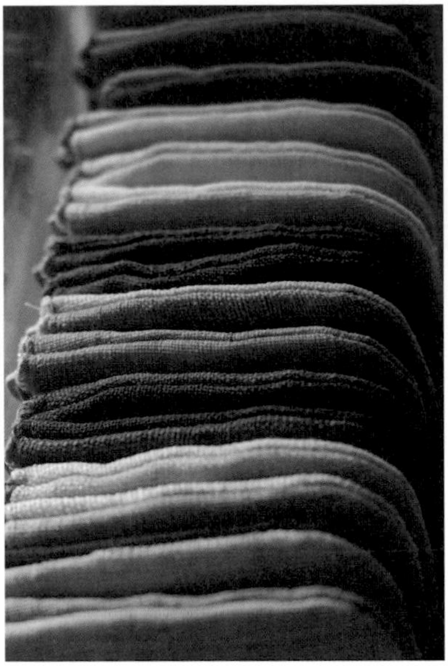

手工植物染 再現日本傳統顏色

染司 よしおか

染司 Yoshioka

49

吉岡幸雄也是染司よしおか第五代的繼承者，這是自江戶時期開始的手工染織老鋪，就坐落在祇園境內。這是很小的一家店，卻是書籍中各種色彩展現的地方，店內擺滿各式各樣由植物或貝染成布料、製作的商品，像是皮包、圍巾、座墊、靠枕等。染司よしおか從花或樹木的果實、樹皮、草根等天然植物的部位萃取出染料，將布線染色再織成布料，目的就是為了要製作出日本傳統的古色。這樣的布料何以美得不在話下？原來，植物染出的織線織成的布有種透明感。四釜尚人說，這不是思想上的侘寂，而是這些布料本身就是侘寂。沒有設計感十足的商品架和陳設，染司よしおか光靠著商品的五顏六色就能夠成為焦點。

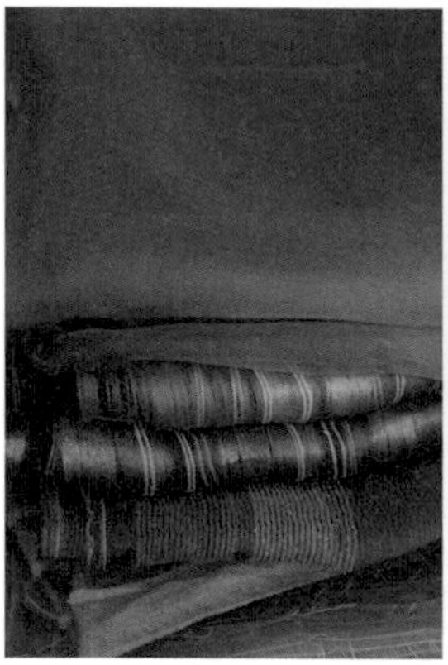

染司よしおか（染司Yoshioka）

地址——京都市東山区西之町206-1
電話——075-525-2580
營業時間——10:00~18:00

一保堂茶舖喫茶店嘉木
地址——京都市中京区寺町通二条上ル
電話——075-211-3421
營業時間——10:00~18:00

50

人氣茶舖體驗 如何泡出一壺好茶

一保堂茶舖 喫茶店嘉木

這大概是京都骨董街寺町通上最富盛名的一家店了，無論日本人還是來自國外的遊客總是讓店面充滿生氣、門庭若市。專賣日本茶的一保堂，成了體驗日本文化的一站。這裡不只是賣茶葉，也有販售以茶壺泡出來的外帶茶，讓沒時間的遊客可以直接帶著走。若有時間則可到一保堂為了讓更多人知道如何泡出好茶、在一九九五年才設立的茶室「嘉木」慢慢喝杯茶。

除了可選用日文稱為「急須」的茶壺來泡日本茶、以茶筅刷出來的抹茶也是選項，喝完了還想延續這股味覺體驗則能到店鋪裡直接選購。為了沖泡出金黃透亮的美味煎茶茶湯，嘉木呈上的工具還不少，裝熱水的保溫水壺、裝在茶罐裡的茶葉、茶壺，及作為計時器的時鐘，還有搭配茶飲的日式甜點。店員耐心的示範解釋如何泡茶，想不到最後一滴最是關鍵。「要把茶壺滴到一滴不剩。」店員如此說。原來，這最後一滴濃縮了美味。

51 河井寬次郎記念館

民藝陶藝家的宅邸 感受京都生活樣貌

如同京都的深藏不露，接近五條東山的河井寬次郎記念館位在僅一輛車寬的寂靜巷弄內，若不是刻意前往，並不會碰巧路過。如果你知道這號人物以及這個館裡的處處是風景，也會跟我一樣專程前往。

河井寬次郎（一八九〇～一九六六）是常年在京都製陶的陶藝家兼詩人，他是日本民藝運動的藝術家之一，和民藝運動的思想家柳宗悅也是朋友。現在的河井寬次郎記念館就是河井寬次郎在一九三七年自己親手設計的住家兼工作室，無論從外觀或格局，都能一窺京都人的生活空間與居住文化。

主建築為兩層木結構房屋，這裡很特別的是，沒有博物館的拘束感，老舊的椅子能讓訪客坐下來感受這裡的時光，就連二樓河井寬次郎所用的書桌和椅子也一樣，這是因為家族經營的緣故才有方式，也或許就是民藝運動重要理念：走入生活的延續。

河井寛次郎記念館
地址——京都市東山区五条坂鐘鋳町569
電話——075-561-3585
營業時間——10:00~17:00（週一公休，國定假日開館但隔日公休。夏休8/11~8/20，冬休12/24~1/7）

這裡有太多河井寬次郎生前的作品可欣賞，處處有驚喜，通往二樓的樓梯是陶藝家濱田庄司送的，甚至出自木工家庭的河井寬次郎，連屋子裡把手等細節都是他親自操刀，而後院還有一個燒製陶器的窯廠。

縱然有戶外的庭園、對外的窗戶，河井寬次郎紀念館仍瀰漫著一股陰翳的濃烈美感，顏色暗沉，拉近距離細看，就知道這是時光的痕跡，反而有種曖曖內含光。

河井寬次郎是位同時享受工作和生活結合的人，還曾寫下工作之歌：「工作只知道前進，工作會有令人意想不到的力量，工作無所不知，只要你工作。」坐在館內，看著光影在空間中變魔法，想著河井寬次郎的生活，「透過民藝感受簡單生活」這也是種侘寂的體會。

52 進々堂京大前店

體驗國寶木工的座椅、日洋文化交融

進々堂京大前店

地址——京都市左京区北白川追分町88
電話——075-701-4121
營業時間——08:00~18:00（週二公休）

進々堂京大前店出現在作家壽岳章子的書當中，十幾年前我便已循線造訪多次。但透過四釜尚人的解說，則讓我對這家咖啡店更有感。其一是，京都出現了以「進々堂」為名的麵包店餐廳，很多人與進々堂京大前店混為一談，這兩家店並無關連。其二則是店內的風格充滿民藝味，裡頭擺放的座椅是日本國寶木工黑田辰秋所製的，距今約莫八十年歷史；建築則是近代文化的象徵。也就是說，這裡是日本和歐美文化交會的歷史場域。

這兒的桌子特別大張，雖然人多時要和別人共桌卻也無半點不適，或許就如同四釜尚人說的，「這裡展現出一種時間移轉很慢的侘寂。」彷彿與外界隔絕。特別在下雨的日子，靜靜的一杯咖啡、一本書，就是很棒的風景。

大文字山頂

至高點鳥瞰京都絕景

53

大文字山頂

交通方式——由銀閣寺後方登山口進入，單程約需40分至一小時。

若沒有人專門指路或指點，很難走進位於銀閣寺後方的山間小徑。這條看來原始的道路，直通的是東山主峰如意嶽其中的支脈——大文字山。會這麼命名，和京都由來已久、每年八月舉辦的「五山送火」（詳見第145頁）祭典有關。五山送火是為了讓盂蘭盆會回到人間的精靈能夠順利返回另一個世界，所以在環繞京都的山頭，分別點上文字或象形篝火：大文字、妙法、船形、左大文字、鳥居形。大文字山正是其中一處。

這條登山者也愛的步道長約一公里，得花上四十分才能抵達山頭，途中或有階梯，也有如原始般的林地。登高而望遠，整個京都就在眼下，也能一睹大文字山上的大字是怎麼被排列出來的。這樣的景致被列入京都絕景之一。不少人推薦嚴冬瑞雪時前來，不僅空氣凜冽清澈，被雪覆蓋的京都更有種滄桑感。我則趁著夏天傍晚信步而上，從晚霞到京都夜景一次看足。要提醒的是，這條步道相當原始並無路燈，若打算看夜景的人記得自備照明，且最好有人同行。

登上大文字山除了可鳥瞰京都市（下），也能知道五山送火的大文字實際長怎樣（上）。

賞楓名寺
借景遠方群峰

光悅寺

光悅寺

地址——京都市北区鷹峯光悅町29
電話——075-491-1399
開放時間——08:00~17:00

要找到光悅寺其實並沒有那麼容易，即便已在地圖上點出了確切位置，我在路上來回走了好幾次才找到光悅寺的入口。原來，入口被長得茂盛的楓樹占據，變得有點隱蔽。站在入口，兩旁盡是楓樹的筆直石道映入眼簾，夏天這兒是綠色隧道，到了十一月下旬，可就是黃金隧道了，好不壯觀。

光悅寺是江戶時期藝術家本阿彌光悅在德川家康賜與之地所蓋的草庵，而後改成了寺廟。走在其中，古樸之意盎然而生。這裡借景鷹峰，坐在椅子上，就能欣賞咫尺的山峰。雖然沒有處處雕琢，循著充滿野趣道路而行，似乎或多或少能感受到藝術家田園生活的幾分侘寂。

54

以心傳心的京式款待

近又第八代傳人——鵜飼英幸

曾經，夜裡多次踏入一家位於京都市中心的老建築酒吧，可是進入店內的過程卻如出一轍：拉開面對馬路的木門，映入眼簾的是一條種有植栽的石頭小徑，盡頭才是第二道進入主建築的門。這條路幾步之遙，並不算長。當我正準備打開這道門的剎那，彷彿自動門般，它開了，而店裡的店員一抹淺淺的微笑準備開口說話。

怎麼能那麼剛好，在那萬分之一秒，店員就站在門口拉開大門？帶著驚喜，也多少帶著疑惑。後來，坐在吧台的我觀察到，原來店家在第一道門裝有無聲的感應器，連結到工作區域，當顧客進入後便會燈光閃爍，而店員會立即走向第二道大門準備和顧客的第一次接觸。

這種永遠跑在顧客需求前端的體貼服務，正是京式款待的一環。

京都展現的溫柔款待當然不只如此，一碗看似平凡的味噌湯，裡頭可有著慢火細熬的日式高湯，連打哪來的昆布、柴魚、煮湯的溫度都得講究；隨著時節而月月更替的菜單、掛軸、插花，富含著京都最美的時間感，稍縱即逝；為了沖泡出一杯好咖啡，而每日到井水取水的堅持……，許許多多旅人視為理所當然、甚至根本不知道的事物，都是精心安排。

沒有無數細節的堆砌，成就不了這一切。當我知道某京都百年傳統旅館的掛軸多達四、五百份時，不免也打從心裡讚嘆與佩服。知道的越多，越想一窺究竟：京式款待幕後還有多少細

近又的小坪庭，也是採光來源。

節？什麼才是京式款待的與眾不同？京都的款待如何隨著時代改變而調整？為此，我找上了京都百年旅館近又第八代傳人鵜飼英幸。

和近又的緣分開始得早，十多年前遊歷京都時想體驗傳統的京都老旅館，看了京都作家壽岳章子寫的書提到了近又，便選了這間旅館一泊二食。老旅館的實力果然令人印象深刻，一頓在房裡享用的懷石料理不僅美味漂亮，節奏更是掌握得得宜。爾後，又有機會在台北採訪近又，深入探討日式懷石料理。這次則又踏上京都鬧區上熟悉的御幸町通，蒐集更多款待顧客的幕後。

成立於一八〇一年的近又，過去是滋賀縣（古稱近江國）商人赴大阪、京都出差時會投宿的旅館。現行的木構兩層樓日式房舍，約是十九世紀末期所建，已成為日本有形文化財。從外觀到內部格局、擺設，近又則是道地的京町家風格，從外頭看不出內部有多麼深長，卻還可以藏著「坪庭」（小庭園）和「裏庭」（大庭園）兩座日式庭園。

近又玄關散發出的古樸質感，引人入勝（右）。就連擺在地上的圓拖鞋，也在外幾乎沒看過（左上）。

三十出頭的鵜飼英幸領著我穿梭在旅館細長的走道，此時正值夏季，垂掛的竹簾將戶外的景致變得若隱若現，是生活智慧，也是生活情調。令我會心一笑的，是懸掛在客房的掛軸，上頭就畫著一個翠綠的西瓜，彷彿透沁涼的消暑盛品就在一旁，作為裝飾之餘，還肩負望梅止渴的功效。

「這種老房子越來越少了。」從小在這兒長大的鵜飼英幸說，保持傳統的空間，能讓旅客有特殊的經歷與體驗。款待的心意在此，但難也就難在此。舉例來說，近又房間的拉門不但是紙拉門，還得隨季節更換，夏天換成可以通風的竹製拉門，冬天則祭出可以賞雪的「雪見」拉門（日式拉門下方有個拉起後是透明玻璃的角落，用於欣賞落雪）。鵜飼英幸說，光是雪見拉門近又就擁有好幾種不同的款式，左右拉的、上下拉的。當中左右拉的雪見拉門，現今也找不到訂製的管道，彌足珍貴。而且，若遇到損壞需要維修，「不僅有能力維修的工匠少、費用高，可能也得排隊排很久。」

旅館內舉凡眼睛所見的，插花、掛軸、庭園等，都是需要悉心照料的細節。更別說，還有許多是「用心」觀看才有的風景。

像是，近又介於走廊和客室「床之間」（通常用於擺設掛軸與插花的空間）之間的一道紙窗，乍看很一般似乎到處都有，不過仔細看就能發現，建構其經緯的竹子有所不同，橫向的由兩根竹子兩兩一組，和直立的一根根竹子，構成了一幅富有風情的窗。還有，像是旅館內的玻璃窗並非平順光滑，貼近雙眼看，些許凹凸不平的表面也有表情。

對於傳統有價值的事物珍視並力求完美呈現在旅客面前，但對於服務和款待，近又可一直隨著時代而做調整。像以前鵜飼英幸父親鵜飼治二小時候，旅館的顧客還幾乎都是商人，到了鵜飼英幸小時候，顧客已轉變成遊客了。對象不同，需求自然也不同。近又也就從擁有許多房間的旅館逐漸的調整成每日只接待三組顧客。前幾年，更在鵜飼英幸的建議下，每日只接受兩組顧客。

- 要早一步察覺顧客的需求，且不要強迫他們接受。
- 這就是京式款待與眾不同之處。

懐石
近又
近又

他表示，由於一樓客室旁並無廁所，考慮到入住旅客的便利性，於是就將原本的三房減為兩房。

鵜飼英幸也談到科技帶來的考驗。像是，以前透過電話預訂旅館，他們能夠與顧客聊上幾句，從中可推敲出不少顧客的樣貌與需求。不過，隨著網路普及，透過 e-mail 訂房反而成為主流，他們就只能獲得一些冷冰冰的資訊：姓名、年齡、性別等。所以，從現場觀察顧客的聲音、表情等也就格外重要。

「要早一步察覺顧客的需求，且不要強迫他們接受。」鵜飼英幸表示，這就是京式款待與眾不同之處。或許是京都人委婉、甚至不說而希望別人理解的曖昧個性使然，在款待別人時也以同樣的標準來衡量自己，「即便別人不說也要心領神會」。相較於其他地方直接詢問顧客需求的方式，京式款待難度高卻也帶給對方更多的驚喜與回憶。

正如同京都處處皆有的禪寺、禪學，京都「以心傳心」的款待，是種默契，更是服務的最高境界。

55

近又

地址──京都府京都市中京区御幸町通四条上る大日町407

電話──075-221-1039

四百年料亭
高湯展現京料理神髓

瓢亭

許多京都入門的書籍當中，絕對不會缺漏瓢亭，畢竟這是一家已開業四百年的料亭，充滿傳奇色彩，文學家谷崎潤一郎便是常客，常在茶屋裡享用餐點。瓢亭本店還是米其林美食指南中的三星餐廳。懷石料理是瓢亭立足京都的招牌，不過「晨粥」價格更親民，是許多人的入門磚。

據說，原本沒有晨粥的瓢亭，是應徹夜通宵的人和藝妓的請求，才利用餐廳就有的食材加上煮一鍋粥推出的菜單，沒想到後來大受歡迎。晨粥的菜色雖然簡單陽春，可視為簡易版的懷石，包含椀物（湯）、由三層瓷器疊起的葫蘆造型內的綜合燉菜、向付、和物，及這邊的招牌半熟蛋等。用完之後，店家才會將水煮白粥和醬菜端上來，白粥佐以勾了芡的高湯，別有滋味。當然，在本館茶屋造型屋內的榻榻米上用餐多了份古意和樸實，和新館的情趣大不相同，只是本館搶手的程度也讓訂位難上加難。

要從瓢亭體會京式款待，就得細細品嚐料理中高湯的滋味。被視為日式料理靈魂、料理人看做生命的高湯，據說就是從京都發源的。更有一種有趣說法：「如果京都有十個料理人，就有十種高湯煮法。」或許有些誇張，但確實點出每位主掌廚房的料理人都有自己對高湯的見解。瓢亭的高湯，正傳遞出高橋家族的與眾不同。一般人多用昆布和鰹魚製成的柴魚來熬製高湯，不過瓢亭除了選用來自北海道的利尻昆布外，搭配的是鮪魚製的柴魚。第十五代高橋義弘曾表示：「這樣可以減少酸味和澀味。」

NHK紀錄片裡的一段話更深層地描述高湯和日式文化之間的關連，大意是：高湯可以襯托食材的味道，又不搶戲。若即若離，又相互尊重。這就是日本文化中所謂的，距離之美。這段話用來詮釋京式款待，再貼切不過。

56

瓢亭

地址——京都市左京区南禅寺草川町35
電話——075-771-4116
營業時間——本館懷石料理，11:00~19:30；早粥7/1~8/31期間，08:00~10:00；鶉鶉粥12/1~3/15期間，11:00~14:00（每月第二第四週二公休）。別館早粥3/16~11/30期間，08:00~11:00；鶉鶉粥12/1~3/15期間，09:00~11:00（週四公休）。

不同大門出入的小巧天麩羅料理

料理旅館天ぷら吉川

57

京都的小巧是迷人之處。不只是城市的尺度不會過大，就連許多開設在京都的餐廳、商店都是小巧路線，讓人可以近距離的感受京都的人情之美。天麩羅吉川，是京都老字號的料理旅館，顧名思義這裡提供住宿和餐點的服務。不少人即便未入住也慕名前往。坐在榻榻米上正常高度的桌子和椅子，看著戶外由知名庭師小堀遠州設計的庭園，如同樂章有節奏輪番上陣的是這裡的會席料理：京會席或天麩羅會席。

若想單純享受天麩羅，吉川也有獨棟小屋專門提供天麩羅。小屋並不大，ㄇ字型的吧台，僅僅十一個位置，吧台內廚師料理的空間幾乎只能容下兩人，若再加上冰櫃、桌上擺上的碗盤酒杯，及掛在牆上的菜單、裝飾品，這個空間並不簡潔但卻充滿溫度，完全沒有距離感。當日晚間包含我在內，共四組八位顧客，現場總是笑臉迎人的兩名女侍，其間無論是桌邊服務、應對、和廚師的默契都展現帶有氣質的貼心。主廚則專注於料

料理旅館天ぷら吉川

地址——京都市中京区富小路通り御池下ル
電話——075-221-5544
營業時間——懷石料理11:00~13:30、17:00~20:00；天麩羅吧台11:00~13:45、17:00~20:00

理上頭，從容的替入席時間不一的四組客人端上一道道熱騰騰的天麩羅。經常造訪的鵜飼英幸說，「他們認真老實地製作天麩羅，一直保持著傳統。」

京式服務的細膩在用餐尾聲達到高點。已吃完最後一道天麩羅茶泡飯後，我和同席的賓客被邀請到另一處有著火爐、可欣賞庭園的空間享用甜點。原來，接下來還有第二輪的顧客。我慢慢地享用著飯後甜點和茶點，一邊感受著夜間庭園的神祕，最後從另一處旅館大門離去。就這樣兩批顧客完全不用打照面，也互不干擾，各自在類似的時空，享受了一頓美好的晚餐。

吉川的天麩羅除了炸蝦、干貝等高級食材外，也運用在地野菜，如番茄、秋葵，也有小菜穿插其中，最後則以天麩羅丼飯或天麩羅茶泡飯作結。

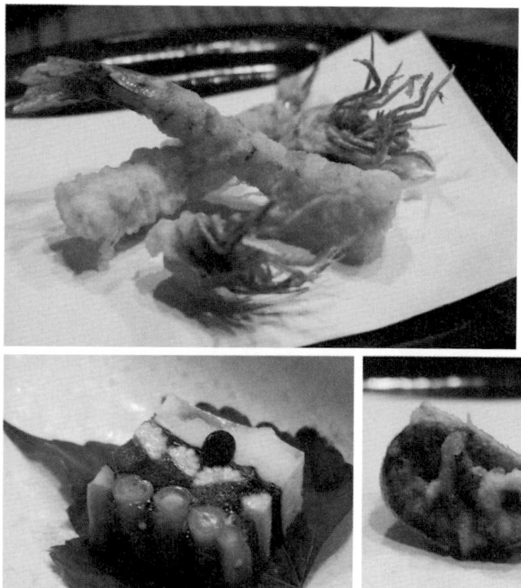

穿和服車資打九折的服務至上計程車

MKタクシー

MK Taxi

58

必要時，招手搭計程車吧！這是遊歷京都多年後得到的心得。在日本搭計程車很貴吧？這個問句若放到城市幅員廣闊的東京，答案是肯定的，在京都則不成立。舉例來說，從京都車站搭計程車到鬧區四條河原町、清水寺等地，約莫只需一千日圓，四人分攤下來，反而划算，更別說省下了時間。大抵在京都市區靠計程車遊走，每趟約在二千日圓上下。

提到京都的計程車，那肯定不能不提以愛心為招牌的ＭＫ了。鵜飼英幸表示，京都有各式各樣的計程車公司及個人，ＭＫ這個京都老牌計程車行則一向給人安心感。從司機的儀容、禮節，車內的潔淨度在在都有很好的表現，日媒也多給予極高評價，《讓全世界為之感動！日本的貼心服務》就介紹了ＭＫ的服務。ＭＫ也沒讓人失望，不斷推陳出新。像是，穿整套和服（浴衣也算）車資就能打九折；推出計程車司機載你遊京都的套裝導覽。

59 穿上和服 當一日京都人 夢館

夢館

地址——京都市下京区五条通り堺町西入塩竈町353
電話——075-354-8515
營業時間——10:00~19:30（12/31~1/3公休）

什麼是千年古都魅力的來源？悠悠歷史的寺廟古蹟，固然是精彩之處，還循著傳統文化過著生活的京都人，才是讓這座城市持續保有風格、讓人迷戀的癮。傳統服飾也是其中一環。在穿著早已全球化的今日，還能在大街小巷看到盛裝打扮的藝妓、穿著和服碎步而行的京都人，而且為數不少，的確充滿張力。當然，街道上穿著和服者許多是觀光客，大家都想一親和服芳澤。特別是穿上裹住身體的和服後，整個人似乎也不得不因為被拘束住了而行為舉止變得細緻。

夢館是和服出租的企業，各式各樣服裝的選擇一應俱全，甚至也有攝影專案及說中文人員。鵜飼英幸表示，夢館以價位合理、種類繁多見長。比較數家和服出租公司，夢館能夠提供五百組以上的選擇的確是其強項。若能提前預約，三千五百日圓的價格，身著日本傳統服飾遊歷京都，肯定會帶來對於京式文化更多的體驗與回味。

傳承千年的烤麻糬
一文字和助

60

一文字和助
地址——京都市北区紫野今宮町69
電話——075-492-6852
營業時間——10:00~17:00（週三公休，若週三逢1號、15號、國定假日則營業，改隔日公休）

一個簡單到不行的烤麻糬，在京都同樣一個地點販售了千年了。實在難以想像。循著地圖來到今宮神社附近，寂靜到不行的巷道令心中的揣摩和想像開始萌生：難道是「有名無實」的店家？真正進到一文字和助所位於的巷子，這念頭馬上被消滅得一乾二淨。人潮絡繹不絕。

其實這條街上有兩家賣烤麻糬的店家。店外頭就能見到在炭火上烤麻糬的媽媽們，經驗老道地翻轉串在竹籤上的麻糬，如拇指大微焦略為膨脹的麻糬最後淋上味噌和砂糖調製的醬汁，加上一壺茶（夏日為冰茶）送了上來。夏日晴朗時刻，半戶外的座位上還貼心擺著扇子饒富情趣，絕對是絕佳選擇。烤麻糬嚐來鹹甜鹹甜，聽說可是京都人來到今宮神社必嚐的。就如同鵜飼英幸說的，這對京都人來說「很有安心感」。這或許就是京都精神與內在的展現，無論時代的巨輪如何轉變、無論遇到什麼難關，京都人總是能真真實實的將文化傳承下來。古寺如此，簡單的烤麻糬亦然。

店員就在門口以炭火烤麻糬，即使是炎熱夏季也不例外。

京都軟水做的
蕎麥麵

本家尾張屋本店

本家尾張屋本店

地址——京都市中京区車屋町通二条下ル仁王門突抜町322
電話——075-231-3446
營業時間——11:00～19:00

來到本家尾張屋本店，高掛在戶外門上的尾張屋木匾已滿是風霜，明眼人都會曉得這是時間所留下的軌跡。本家尾張屋可能是京都最老的蕎麥麵店家，早在一七〇〇年左右就開始販售蕎麥麵。在日本有著「關東蕎麥、關西烏龍」的印象，所以當京都和蕎麥麵被同時提及時，確實有違印象。但事實上，京都蕎麥麵的發展和禪寺眾多有關。當禪寺對於蕎麥麵的需求越來越大，也就出現供給的店家，本家尾張屋也就是在這樣的背景下賣起蕎麥麵的。

本家尾張屋在更早之前是販售日式菓子的，歷史至少有五百五十年。而當今的本店也約莫在一百三十年前才喬遷至此的。即便幾經變遷，本家尾張屋卻依然保有京式款待重要的元素：尊重自然，且相互依存。無論是菓子或蕎麥麵，本家尾張屋都採用京都人很自豪的地下水。據說，京都的地下水來自盆地北、東、西邊的山脈，而蘊含量相當於日本最大湖琵琶湖。從蕎麥麵、高湯

五層的蕎麥麵搭配不同的佐料，可以隨意組合，吃起來相當過癮。

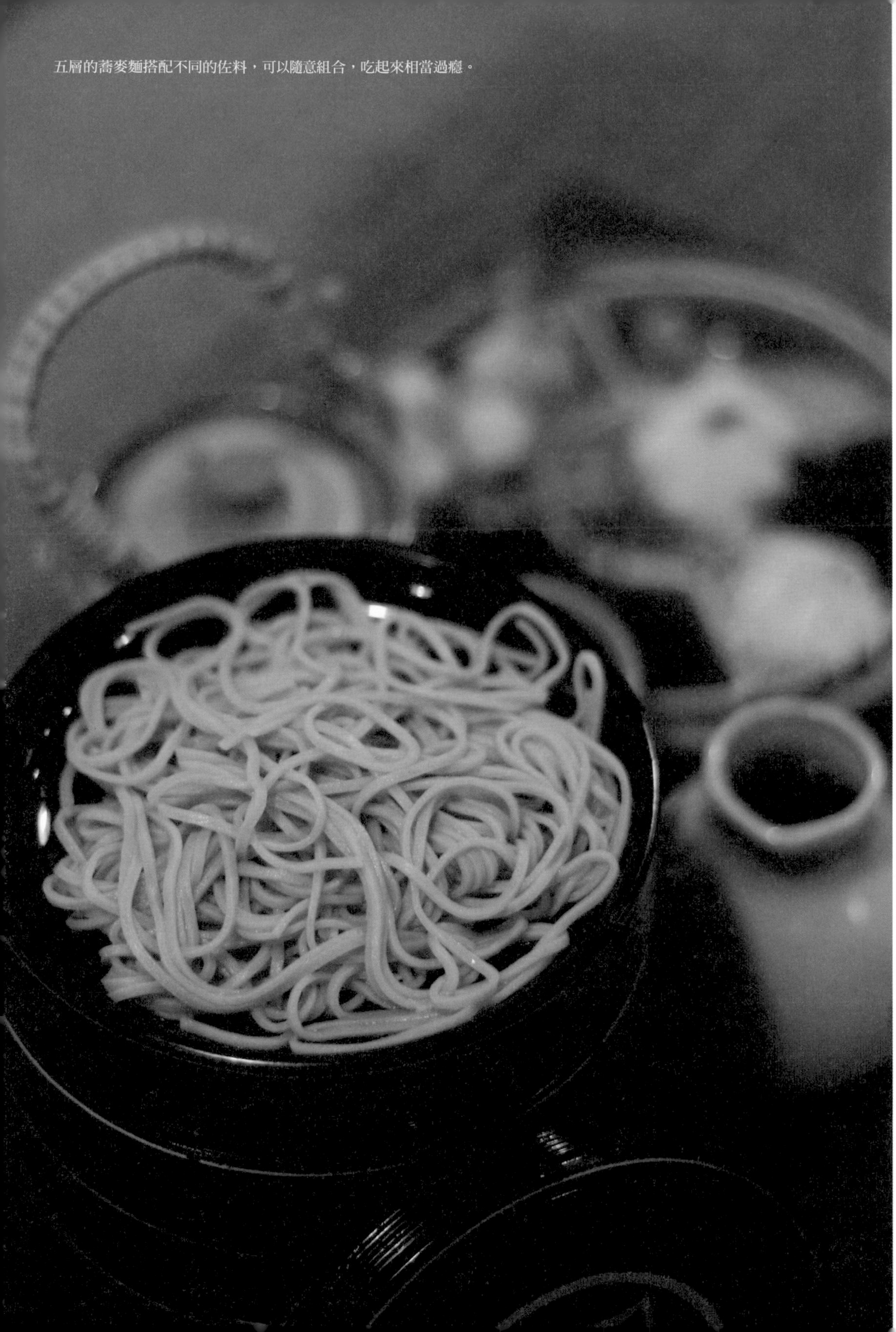

到甜點，都仰賴著每日從五十公尺深的水井擷取上來的軟水。

淡雅卻有著豐富內涵的高湯，在本家尾張屋也有自己的熬製配方：北海道利尻昆布、鰹魚柴魚、沙丁魚乾、鯖魚柴魚等。本家尾張屋董事岡本万寿男表示，地下水是他們重要的命脈，因此店鋪的經營都取決於地下水。像是，開在高島屋百貨的分店就得將地下水送至七樓，而四條店因為沒有地下水，為了維持品質，全都由本店供應。

想在這體驗京都的細緻，那麼「寶來蕎麥麵」列為必嚐，這是本家尾張屋第十四代所構想出的商品，將蕎麥麵裝在五層的黑色漆器裡，一旁則附有炸蝦、蘿蔔泥、蔥、山葵、芝麻、海苔、香菇、蛋絲等佐料。不僅從視覺展現了京都人的美感，不同佐料搭配蕎麥麵隨心所欲也很有樂趣。食畢，再喝杯煮蕎麥的蕎麥水就是飽足的一餐。

岡本万寿男還跟我分享關東關西文化大不同，在關東蕎麥麵是酒後吃的食物，而關西人則會專程品嚐。只不過，本家尾張屋在旺季的中午實在太熱門了，總是得花個三、四十分鐘排隊才能入店。偏偏京都人不愛排隊，所以京都人想吃本家尾張屋就會想辦法避開熱門時段。

61

62

藏在自然裡的料亭旅館

山ばな平八茶屋

京都老招牌的料亭旅館為數不少，已經四百多年的「山ばな平八茶屋」有什麼實力屹立至今？歷史場景就在這兒發生，是其一。日本大文豪夏目漱石所寫的長篇小說《虞美人草》，就提到了山ばな平八茶屋；藝術家北大路魯山人也是座上賓。

渾然天成的自然，則是這兒的京式款待。無論是刻意經過設計的，還是渾然天成的大自然，少了這味，京都就不京都了。山ばな平八茶屋由於位於洛北郊區，讓人對於自然的感受更加深刻。雖然位於大馬路邊，山ばな平八茶屋建築外觀和一般日式建築並無太大差異，沿著小徑而入，場景就像電影一幕幕跟著轉變，一片綠意最終浮現眼前。我不想以庭園來形容，因為這兒看起來頗具野性，然而流水、石橋也巧妙融入其中，看得出來設計者的用心。

山ばな平八茶屋的另一面則是大自然的恩賜

了，緊鄰著高野川的優勢，幾乎所有客房、用餐空間都有一片綠到不行的翠綠，不少客房就在臨河一側擺了椅子。無需多說，椅子上的光景與光陰同樣令人醉心。一個場景深刻的印在腦中：窗外的綠倒映在和室榻榻米上的漆器桌子，戶外的綠和白、室內的綠和黑，充滿反差卻又是如此的和諧。這是最簡單的療癒風景。

山ばな平八茶屋

地址——京都市左京區山端川岸町8-1
電話——075-781-5008
營業時間——11:30~21:30（午餐時段11:30~15:00，週三公休）

夜裡山上燒篝火的
夏末祭典

五山送火

63

五山送火

活動時間——8月16日，20:00

每年八月十六號這天夜裡，對京都人來說意義非凡。這天，是祭典五山送火的日子。圍繞京都盆地的五座山會點燃文字或圖形的篝火，將中元節（盂蘭盆節）回到人間的精靈送返他界。這天，也如同賀茂茄子和鰻魚預告著夏天起始的提醒，代表著夏季的尾聲。

五山分別為：大文字山的「大」，松崎的「妙、法」（雖是兩字但只算一山），船山的「船形」，三笠山的「左大文字」及嵯峨野鳥居本的「鳥居形」。其實，這五山的文字圖形一直都在，即便非祭典當日也能看到山上由石塊堆起的文字圖形。但可別因為遠遠的眺望就覺得字形不大，事實上，大字的第一橫就長達八十公尺，那一撇更長達一百六十公尺、一捺也有一百二十公尺。光一個大字就需要在七十五處設置火堆。

五山送火，也有外人稱之大文字燒。不過，這千萬別在京都人面前提到，他們不愛這樣的說

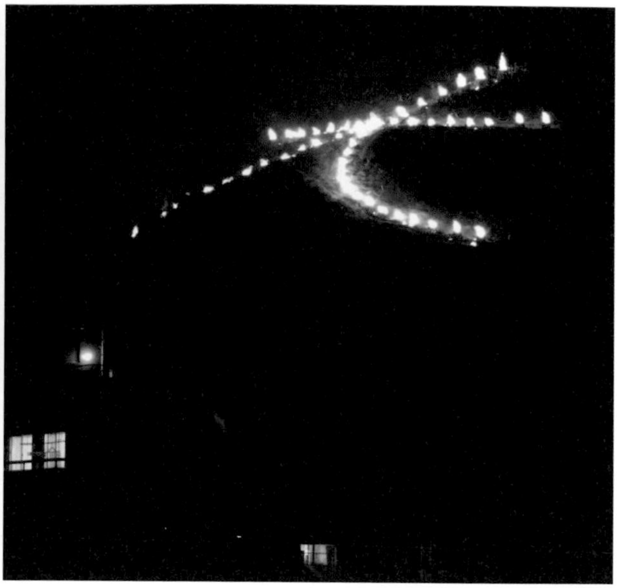

法。或許在他們心中神聖的儀式，不該聽起來很像某樣食物的緣故吧。

這天夜裡京都空氣中瀰漫著神祕感，點火期間京都的路燈、廣告招牌等也都會暫時熄滅讓在城市裡的人得以看見。對於外地遊客來說，若是能一次看完熊熊火焰燃起的五山最是理想。蒐集了資料，京都市區最多看到大、妙法、船形和左文字，地點就在船岡山公園。六點多天未黑，船岡山上早已人聲鼎沸。久站多時，夜幕一片漆黑幾乎什麼也見不著，時間一到八點，大夥蠢蠢欲動，忽然間大字一橫出現火光了，接著一撇一捺，這字還有點像是楷體，並不只是個呆板的筆劃而已。現場陣陣驚嘆。十分鐘後，妙法也點燃了，船形和左大文字則依序接棒。

不得不說，看過成為焦點的篝火字形和圖形，就更能了解京都人的細膩與真誠。替精靈們引路且如此唯美，流傳數百年的祭典靠的正是整個市民的齊心齊力，那是另一種看不見的人情之美。

左上——不少店家在五山送火期間還特別掛起了捲軸呼應。
右上——五山送火在山頭圍出的篝火，難得一見也迷人。

64

免費無線網路

跟著時代前進的服務

提到京都的款待之心，鵜飼英幸覺得這幾年京都的無線網路也提供遊客非常便利的免費服務。京都並沒有倚老賣老，反而跟上時代的腳步。只要事先下載京都免費無線網路的 Apps，並且完成註冊。在多數的公車站牌、便利超商、地鐵站，只要看到 KYOTO WIFI 的圖樣，就能夠輕易的連上網路。

對想把焦點放在京都的景物上而非時時刷手機的旅人來說，這已足夠。迷路時，找到附近的無限上網熱點，打開地圖找到方向；臨時想搜尋附近的餐廳，問問谷歌大神得到救援。遊走京都，因為科技、因為無線網路而變得更加容易。

老京都的新活力

Voice of Kyoto 創辦人——宮下直樹

相較於一、二百年歷史的城市，京都的年紀和輩分都不小。超級商場、摩天大樓、四通八達如蜘蛛網的地下鐵，這些年輕城市展現活力的摩登元素，京都統統沒有。然而，每每造訪京都卻都有新的感動，無論是新長出來的商店，還是老空間再利用的創意，甚至是老舊區域的活化，都讓京都歷久而彌新。

老京都的新思維打哪來？城市角落裡默默爬梳文化，再賦予新詮釋的人是幕後英雄。京都文化圈裡活躍的新生代宮下直樹就是其一。這位土生土長、總是戴著帽子的京都人創辦「Voice of Kyoto」（京都之聲），試圖要把京都的種種美好向外發聲傳遞出去。

走進他位於五條上的工作室，就會發現這不僅是工作室而已，根本就是美好事物的大本營：從可用於日常的清水燒，到形狀如植物可配戴、可用於裝飾的布製飾品、彷彿石板卻是紙板的盒子……，這些全是京都在地職人的創作，都有著不老套的新穎外貌，也是宮下直樹蹲點京都的成果。他表示，到了假日，工作室就化身成為商店「空想京都」對外開放。

除了和京都、文化相關的書籍，宮下直樹工作室裡還有不少京都職人新穎的作品（左圖為以織線做的造型別針）。

不光如此，這裡竟也有來自台灣設計師的產品：銅製文具、皮革小物、水泥製小物。原來，有如策展人的他先前在台灣找到一些實力堅強的設計師，就將他們的作品也分享給京都人。接著他還要讓這些設計師和京都職人工匠聯手開發新的產品。正如他介紹空想京都時說的，「並非引薦形式化的傳統工藝，而是介紹以優異的手作技藝形塑出製作者想像力、現正嶄露頭角的作家們的一項企劃。」

可別看宮下直樹對京都文化熟門熟路，曾經他也是一位為工作遠走他鄉的遊子。高中前成長於京都，直至大學、就業才久居東京。一直從事商業廣告業務的他，工作越是忙碌、內心反而越茫然，他發現，雖然從無到有創造出廣告，成果卻隔一段時間就會消失，又得開始新的案子。

也許是成長背景形塑出的京都基因，宮下直樹很快的就想起了故鄉京都，那俯拾即是的豐厚魅力，如同磁鐵吸力般把他送回京都。

「這樣沒問題嗎？」回到無論人口、經濟、活力都和東京有一大截落差的京都，宮下直樹也不免擔心地捫心自問。然而另一方面，重新回到京都生活的他也觀察到，「還是有堅守崗位的創造者，以及享受這些創造者的人。」就這樣以「Voice of Kyoto」的網路媒體，他開始採訪、走入以京都為背景的創作者場景。

回到京都八年多，隨著足跡踏遍大街小巷，宮下直樹直言，不同時間有不同的感受，至今回顧起來最為深刻、也是最吸引他的，正是京都仰之彌高、鑽之彌堅的內涵。「京都有許多解不開的祕密。」這些他口中的祕密之所以解不開，正是京都文化一脈相傳，經過世世代代的演繹，看似相同，實則又有些許差異。

舉例來說，即使今日被稱為琳派的畫派，在四百年間就有不同時期的風格，甚至同時期畫家的畫風也不盡相同。琳派更不是畫家自稱而生的名詞，而是後人給予的，所以要能還原當時畫家的想法有一定難度。這就是宮下直樹認為京都學

什麼算新？是一年、五年、二十年？京都歷史縱深長，
所以即使放在別的城市已算是老舊的三、五十年事物，
擺在千年古都京都也都能算是一種新活力。

御札
茶会

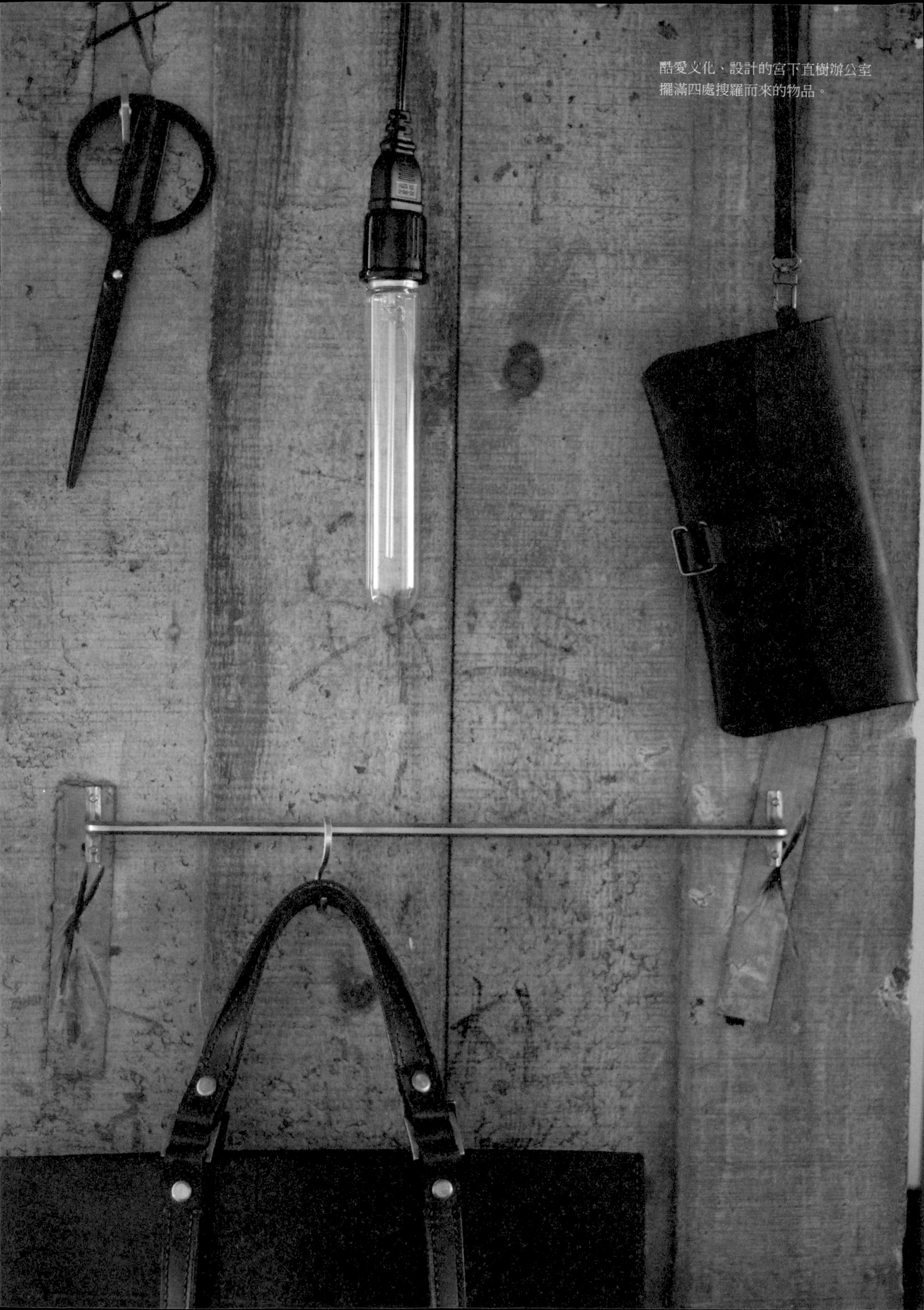

酷愛文化、設計的宮下直樹辦公室
擺滿四處搜羅而來的物品。

是永無止境的原因，「所以對於京都，要看自己的了解有多深、多廣，才能做出適當的詮釋。」

正是京都既廣又深的文化才讓今日的京都能演繹出新的活力。宮下直樹就曾經把來自國外的交響樂和京都和服文化結合，在新年之際舉辦名為「京都和世界的交流」音樂會，不但有交響樂演奏，更把日本和服之美推向大眾。

「區域差異漸漸明顯。」這也是宮下直樹重新觀察到的京都新活力。他表示，以往在東京每個區域都有非常鮮明的特色，「去不同區域還要穿不同的衣服！」八年前回到京都之際卻看不出京都各區的不同差異。直到最近有了改變，不同地區的風格與特色似乎慢慢的成形中。

像是，以往以織布產業聞名的西陣地區是京都除了中京室町外最能展現京都町家風情的區域，曾經此起彼落的織布聲，在產業的蕭條與沒落下，沉寂了好長一段時間。直到近幾年，不少店家因為店租便宜、環境寂靜有氣氛紛紛進駐，反倒在當地帶起了一股藝術文青風，老澡堂咖啡館、藝術家開的二手書店、潮流園藝用品店……。

討論到京都各式各樣的新活力，宮下直樹也提出了很具內涵的觀點。他說，「什麼算新？是一年、五年、二十年？京都的歷史縱深長，所以即使放在別的城市已算是老舊的三、五十年事物，擺在千年古都京都也都能算是一種新活力。」他這麼一說，就更能理解他推薦的老京都新活力，並不一定是時間上的最新，而是對於古都而言，不同程度的新穎。

大門背面貼滿了各式文宣，都是「空想京都」一路走來的成果，裡頭甚至有來台舉辦展覽的宣傳。

65

空想京都

地址——京都市下京区西錺屋町25番林英ビル301号

● 不定期推出活動，詳情請上空想京都臉書確認

夜晚神祕祭典
獲取宇宙能量

滿月祭

ウエサク祭

66

若和京都具千年歷史的祭典活動祇園祭、葵祭相比，每年五月舉辦、僅數十年歷史的鞍馬寺滿月祭尚屬年輕，規模也較小，甚至知道、參加過的京都人也沒那麼多。不過，這個活動卻有著吸引人的概念：此時的滿月，天界和地上的通道會打開，宇宙強大能量會注入地球。為什麼是五月？相傳每年古印度曆法第二個月是佛祖釋迦摩尼佛誕生、入滅的時間，所以在這個月的滿月之夜舉辦祭典，可獲得能量。此時正是陰曆四月中，也就是陽曆五月，是京都少數每年日期不固定的祭典之一。

滿月祭在許多篤信佛教的東南亞國家也都有類似的祭典，雖然形式已不盡相同。舉辦地點鞍馬寺的所在位置正是向來被視為京都靈山勝地的鞍馬山，須搭乘叡山電鐵，到達後還得經過一段不短的山路才能抵達。五月時節已是春末夏初，鞍馬寺或因海拔較高或因櫻花品種，還有機會見到即將凋零的粉紅櫻花。按例，滿月祭會徹夜舉辦到隔日一早，主要分成三個階段，七點開始的祈禱（潔淨）、十點的冥想（精進）、凌晨三點的唱頌（覺醒）。若非參加完祈禱就趕電車回飯店，就得自備睡袋等配備，在鞍馬寺戶外廣場過夜。不過，不知是否天候之故，我參加的那一年，寺方在山下貼出公告，當次只舉辦第一階段。

滿月祭

地址——鞍馬寺（京都市左京区鞍馬本町1074）
電話——075-741-2003
活動時間——每年舉辦時間不固定，約於五月，可上網查詢

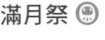

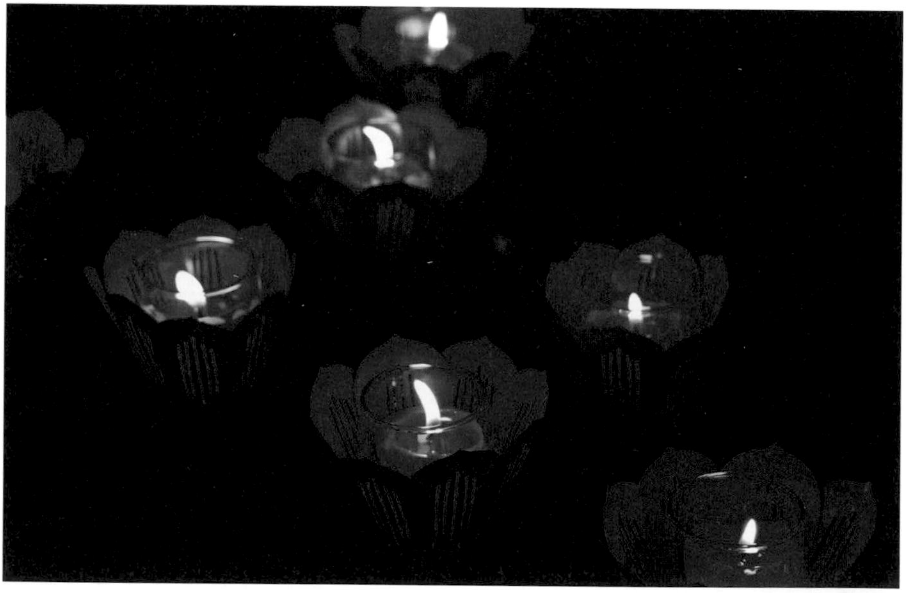

陰晴不定的五月天，氣象預報當晚將會下雨。天未暗即帶著飯糰抵達鞍馬寺，寺前廣場已有不少人自備墊子坐著卡位，越接近七點，人潮也破上千，當中不乏外國臉孔。買了裝在玻璃裡、外頭圍繞著蓮花紙雕的蠟燭，作為晚點祈福之用。望不到月亮，雨也唏哩嘩啦地下，眾人撐著傘開始了活動。寺方儀式、帶領唱頌、一人傳一人點燃蠟燭、高舉燭火頌禱，從聽著眾人整齊劃一的頌禱聲，到人手一支蠟燭，似乎也有著神祕力量這回事。

最後，當然是沒看到又圓又亮的月亮，我向剛認識的京都朋友抱怨著。「可是月亮一直都在那裡。」她很有智慧地回答我。最後，大家依著指示把蠟燭擺在寺前的廣場，看起來似乎是種圖騰。個人能量究竟有無因此增強實在很難說，不過，集體一起的感染力倒很容易觸動情緒。

清水模混搭木頭，媒體外國人皆愛的咖啡館

Sentido

67

在京都的早晨，要來杯喚醒身體、獲取活力的咖啡並不太容易，並不是咖啡館太少，而是不少咖啡館營業時間都接近中午。Sentido 則是一家很早開店、風格清新的咖啡館，其規模並不大，卻擁有舒適的氛圍。清水模、木頭，兩樣很有現代感的日式元素形塑了整家店的極簡基調。

宮下直樹說，Sentido 就在地下鐵烏丸御池站（剛好為地下鐵烏丸、東西線交會站）附近，是周遭不可多得的優質咖啡館。小歸小，Sentido 除了咖啡之外，也供應循著季節更替的輕食、日式餐點，水準很夠。外國人顧客不少，也經常獲得報章雜誌報導。

Sentido

地址——京都市中京区笹屋町445 日宝烏丸ビル1F
電話——075-741-7439
營業時間——07:30~19:00（週六08:00~18:30，週日公休）

直咖啡

井水煮咖啡的究極滋味

68

直咖啡

地址——京都市中京區三條上ル二筋目東入ル惠比須町534-40
電話——無
營業時間——11:30~22:00

當西方的咖啡遇上京都文化會迸發出什麼火花？走一趟位於京都鬧區三條河原町靜巷的直咖啡就能找到解答。這不是一家喧囂的咖啡館，站在門外頭，就能知道直咖啡飄散著京都風味：僅僅六個吧台位置，風格獨特。坐上低矮吧台的位置上，吧台區的櫃子上幾乎空無一物，雙眼唯一所見便是掛在土牆上的日式插花。這裡的空間有著濃濃的日式情調，充滿了茶屋的建築元素，是建築家木島徹的作品。

不光是空間，在這喝咖啡，似乎就像在喝日式抹茶般講究。老闆渡辺直人每天得到上班途中的二條河原町取水，讓顧客可以品嚐到京都軟水的滋味。不僅如此，用來呈裝咖啡、甜點的相關杯盤器具，都是典雅的古物。最難以置信的是，處處講究的直咖啡，一杯咖啡最低僅六百日圓。這份結合古都雅緻、職人精神的咖啡，遠遠超出其收費價值，更讓人看見老京都詮釋新文化的能力。

沒招牌的
日式質感花店

花屋みたて

Hanayamitate

69

花屋みたて

地址——京都市北区紫竹下竹殿町41
電話——075-203-5050
營業時間——11:00~17:00（週日、週一公休）

這是一家很有個性的花店，開在偏離市中心的區域，走到附近還不一定找得到，因為外頭連招牌和店名都沒有。然而花若盛開，蝴蝶自來，花屋みたて總是門庭若市。宮下直樹表示：「京都不乏東京連鎖品牌來開的時尚花店，卻幾乎沒有像這樣的一家花店。」榻榻米上擺著陶器、插著不太常見的花花草草，另一面牆上則擺著各式各樣陶製、竹製花器。店主西山隼人、西山美華夫妻兩人，就跪坐在榻榻米和顧客交談著。

京都味的老屋花店和多數飄著洋味的花店大異其趣，反而成了京都的一股新活力。西山隼人、西山美華還利用花草來詮釋京都文化，每個月推出不同主題的木花盒，像是八月時以「川床」為題設計的花盒，無論配色、香氣、構圖、層次等都很能抓住大眾目光。當時只能大嘆可惜，無法把這個帶回台灣。他們很在意是否能與顧客應對，不太熟英文的他們提醒，希望日文至少能簡單溝通者才到店裡光顧。

初秋推出名為「蚊帳之中」的四吋花盒，透過小孩在蚊帳中玩樂的畫面來創作，各色的花卉則表現著暑假夜晚的繽紛。

從無到有
打造名物鯛魚燒

マルニ・カフェ
Maruni Cafe

マルニ カフェ（Maruni Cafe）

地址——京都市下京区五条通新町西入ル西錺屋町25林英ビル 202号
電話——075-344-0155
營業時間——12:00~21:00（週一公休、不定期公休）

對京都來說，橫貫京都東西的五條並非新創的一條道路，卻可和新興發展區域劃上等號。工作室也位於五條上的宮下直樹說，以前他還是學生時，就在現在熱鬧、充滿觀光人潮的四條流連，壓根不會想到五條。然而，這幾年以車多著稱的五條（因其連結高速公路，前往京都的車多半由此進出）增色不少，除了群聚的陶藝店，多棟舊大樓裡也出現一家家風格店，已非同日可語。

就在宮下直樹工作室同大樓的咖啡館マルニ・カフェ選在二樓開店，看得出其自信。開放式廚房、昏暗燈光，很有情緒小食堂的氣氛。事實上，這裡不只賣咖啡，鯛魚燒才是店裡的招牌商品。這是女店主在開店之初打造的帶有懷舊感的商品，自此一炮而紅。不光如此，マルニ・カフェ的餐點也都令人感到滿足與滿意，午餐時段經常門庭若市。店裡包含蛋包飯、味噌湯、沙拉的套餐，蛋鬆軟，和炒過番茄醬的飯很速配，裝盛在日式作家的器皿上，色香味俱全，嚐過一次就

70

千方百計想再回去品嚐其他菜色，是家值得順道前往的咖啡館。

吉田山莊

從皇室宅邸到料亭旅館

71

吉田山是京都市區內少數幾座小山，海拔不高，沿步道而登卻又能鳥瞰京都市區，或是近距離觀賞環抱京都的山岳。吉田山莊就位在集隱蔽性、好視野、又清幽的吉田山上。這裡建於一九三二年，是昭和天皇親戚東伏見宮家的宅邸，全以檜木建造，直至屋主皈依佛門後，一九四八年才成為料理旅館。

日式建築外觀、結構和庭園飄著京都味，不過進到屋內，彩繪玻璃、人像雕塑等，又增添了些許洋味。植物與自然，似乎是待在這兒的最佳伴侶，無論走到哪，幾乎都可以看見層次豐富的滿滿綠意，有旅館境內創造出的，更有遠方山頭的。雖然吉田山莊有十一間住房，每日也僅開放五間作為住宿，讓旅館境內更加清幽。不少沒有入住的旅客，為了一睹其風采，則是借用餐到此一遊。

這兒還有一棟對外開放的咖啡館——真古館，

帶著我參觀的年輕女將中村知古幾年前從紐約回到京都，跟著媽媽、女將中村京古學習打理旅館，她告訴我，真古館以前就是她的房間。在這喝咖啡，窗外有青楓，遠處還有銀閣寺後的大文字山，就連桌上也饒富情調，中村京古在宣紙上依不同季節以書法寫下短句，頓時讓喝咖啡也變得好有氣質。能近距離欣賞大文字山的地理優勢，讓這裡也成了每年夏末觀賞五山送火（在京都山上用篝火描繪出巨大文字的祭典活動，詳見145頁）的絕佳場地。

吉田山莊

地址——京都市左京区吉田下大路町59-1
電話——075-771-6125

72 傳統和紙的摩登外衣

かみ添

Kamisoe

かみ添（Kamisoe）

地址——京都市北区紫野東藤ノ森町11-1
電話——075-432-8555
營業時間——12.00~18:00（週一公休、不定期公休）

將技術發揮得淋漓盡致是日本職人所擅長的，かみ添正是一家職人展現成果的商店，販售各式各樣的日式和紙。店內其實很簡潔，一張長桌、一個棚架，信封、信紙等紙類商品井然有序的擺在上頭，未對外開放的區域則是店主嘉戶浩的工作室。

從商品來看，有意思之處在於，嘉戶浩在雪白的和紙上頭，再印上白色的圖騰，白上加白，圖騰若隱若現、看似不突出，卻讓紙張在不同的光線下有更豐富的表情。若是沒有仔細觀察，也很難發現，貼在牆面上的正是他們創作出來的帶有圓點圖騰的和紙。難能可貴的是，即便在印刷輸出已經很便利的今日，嘉戶浩仍堅持使用傳統的木版雕刻印刷，使得かみ添的紙更有手感和溫度。

かみ添開店以來一直受到很多設計師的喜愛，而且跨足不少領域，像是位於東京的米其林二星名店 L'effervescence 其銀箔色壁面就是由かみ添所製作的。嘉戶浩曾經是設計師，轉行做紙後，無論是美學還是質感，都能為傳統的和紙注入新的現代語彙。

かみ添所在位置以前是家理髮廳，雖然展示區僅一張展示桌、一個層架，卻充滿光影變化。

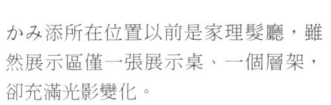

園藝工具小店 替沒落老區注入活力

LIFETIME

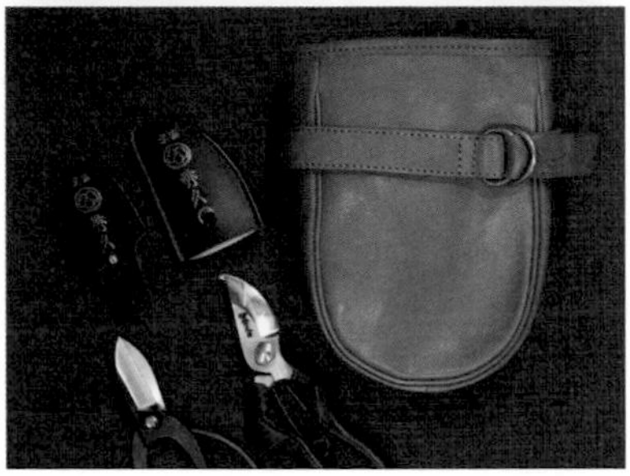

73

LIFETIME

地址——京都市北区紫野上築山町21
電話——075-415-7250
營業時間——每月調整營業時間與公休日，請上網查詢（lifetime-g.com）

以西陣織聞名的西陣，隨著紡織業不若以往繁盛，換來的是便宜的租金與質感店家進駐。販售園藝用具的LIFETIME在這個靜謐的老社區裡帶來一股清新。店主說田稔對音樂很著迷，卻也明白要靠此謀生難度很高。

「在日本找不到兼具視覺和材質的園藝工具。」喜歡種植蔬菜、花草的他發現這樣的市場缺口，毅然決然以園藝用具作為創業主題，從歐洲進口商品到日本販售，即便價格比日本商品高出一半，也仍受到年輕世代的歡迎。

隨著市場逐漸打開，說田稔也開始圍繞園藝概念發展不同商品，包括從日本各地精選而來的生活用品如帆布包、園藝工作服飾及自有園藝用品品牌。他表示，像是日本冬天氣溫嚴寒，他們就設計出加了皮革的工具，不但有實際保暖的功能，也在美感上呈現一種獨特風格。儘管空間不大，不過繽紛的顏色、有型的商品，替LIFETIME增添許多生活的溫度。

LIFETIME 從園藝出發，又發展出服飾、生活用品的產品，充滿戶外生活樂趣。

74

美術家瘋玩二手書店

世界文庫

世界文庫

地址——京都市北區紫野東舟岡町19
電話——無
營業時間——不定，請上官網→sekaibunko.com查詢

很難想像，在一個這麼不熱鬧的街區開了世界文庫這一家二手書店。白色的門面、以白色為基調的空間，及簡潔的佈置風格，讓世界文庫很有文青風。這也是一家營運未滿五年、受到很多人矚目的店，原因無他，擁有美術家、繪本畫家、詩人多重身分的店主古賀鈴鳴本人知名度不小，擁有多本著作。「以前在東京工作但感覺太擁擠了，所以搬來京都。」古賀鈴鳴表示，為求寂靜，連在京都選點也特別挑選西陣這樣人煙稀少的街區。

有趣，絕對是世界文庫給人的印象。即便只是販賣二手書，這裡不定期的會舉辦活動，像是販售二手雜貨的主題。此外，留意書架上的書籍便會發現，古賀鈴鳴特別邀請了作家、音樂人等，在架上各擁有一小區販售自己擁有的二手書，還能讓人一窺這些人都在看什麼書。雖然二手書幾乎為日文，不過藝術背景的店主選了不少攝影集、兒童繪本、建築、外文等類別，非日本人也很能在當中享受掏寶的樂趣。

和風建築裡
蒐羅銷售和風美學

ギャラリー YDS

Gallery — YDS

75

ギャラリーYDS（Gallery－YDS）

地址——京都市中京区新町通二条上る二条新町717
電話——075-211-1664
營業時間——11:00~18:00（週一到週六）

「以前承包商要獨立出來開店，這在京都是不可能的。」宮下直樹認為，現在京都的承包商獨立開店已是另一種新興趨勢。ギャラリーYDS的店主高橋周也，過去就是負責友禪染的承包商，如今獨自經營這間藝廊。YDS即為友禪（Yuzen）、設計（Design）、工作室（Studio）的縮寫。

和日本大多小巧的藝廊不同，ギャラリーYDS就在整棟三層樓的和風住宅裡，空間是其特色。脫了鞋進到屋內，一樓戶外的空間有著榻榻米，陽光灑落其中，上頭擺放著木片、展示著陶藝作品很是吸睛；二樓則是友禪染的工坊，可預約體驗；三樓是個小巧的藝廊，擺著和藝廊有合作作家的陶藝、玻璃作品。除了在一樓舉辦圍繞在日本手感美為中心的展覽，這裡也有各式活動，像是結合陶藝作品的餐會、茶會等。無論是花瓶、碗盤，還是小器皿，ギャラリーYDS以其獨特的眼光挑選了不少侘寂的作品，喜歡生活雜貨者進到裡頭，得好好地看好自己的荷包。

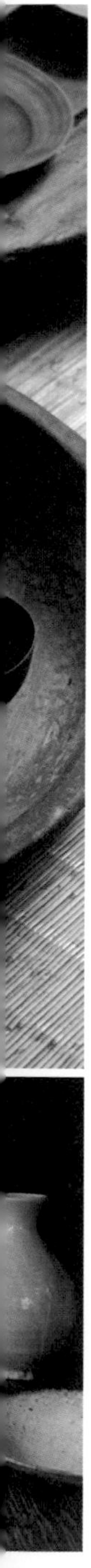

學校老宿舍變成當紅潮旅館

ホテル・アンテルーム京都

Hotel Anteroom Kyoto

76

ホテル・アンテルーム京都
（Hotel Anteroom Kyoto）
地址——京都市南区九条明田町7番
電話——075-681-5656

出其不意的地點出現了一家飯店，這是ホテル・アンテルーム京都給京都人的印象，其地點就在京都車站以南的九條和十條之間，對於觀光景點大多集中在有點距離的京都車站以北的背景下，這樣的地理位置幾乎沒有占到地利之便。「當地人也有疑惑，在這邊開飯店，真的能生存下去？」宮下直樹表示。

因為ホテル・アンテルーム京都是利用學校舊宿舍改建而成的，相對於其他的飯店來說，公共空間特別的寬敞。飯店將之規畫成藝廊、餐廳等空間，讓人走在其中感覺自在。至於房間內走的是簡約現代設計風，雖然一如日式旅館給人房間不大的印象，他們倒透過設計展現規畫得宜的空間配置。例如，從天花板管線垂吊而下的床頭燈、沿著牆面設計出類似報章夾的置物架等，一點都不占空間。帶點潮味的旅館能否扭轉地理劣勢？年中採訪期間，飯店人員告訴我，半年後的住房都客滿了。看來，只要特色鮮明，也能讓自己在京都站穩腳步。

管線外露、利用牆壁做成書報夾，乃至於浴室的設計，在在都展現 Hotel Anteroom 源自於學生宿舍又不失設計感的性格。

老屋與慢時光，京都缺一不可的靈魂

× 庵製作公司董事＆建築師——黑木裕行

常常在想，同樣的時間運轉、同樣一天二十四小時，為什麼有的城市給人緊湊如行軍的氛圍、而有的城市卻緩慢如烏龜行走的速度？

快和慢，其實是步調、是選擇，更是心境，決定你雙眼看世界的廣度與深度。

京都從來就不是一座快轉節奏的城市，然而她無需任何外人賦予「慢城」封號，骨子裡散發的慢底蘊，自有其秩序：把自行車當做代步工具的市民，緩緩踩著踏板，穿梭在城市；公車行駛在寬度不大的道路上，一站接著一站，不疾不徐；古寺裡望著枯山水出了神的遊客，世界彷彿靜止；堅持手工製作的藝匠，仔細琢磨每個細節，標準的慢工出細活。

相對的，遊晃京都也是急不得的，少了那份漫遊心境，內心感受到的京都之美也必然大打折扣。於是，每每踏察其中，我必定奢侈地花一個或數個下午，靜靜地待在某個空間什麼也不做，不用娓娓道來地導覽資料，只需張開雙眼、打開耳朵、舒暢呼吸……，將畫面捕捉進雙眼的視窗內，盡情的感受所謂的京都氛圍。

久而久之，我不免也好奇，對日日浸濡在此氣氛的京都人來說，何處才是他們心目中理想的慢時光？

建築師黑木裕行是接招答題者。找上他不僅因為他是土生土長的京都人，近年他在京都及日本各地改造的老屋無數，替空間注入新生命之餘，也創造出一股屬於老屋才有的沉靜、緩慢氣氛。他所屬的庵製作公司，在京都就有一系列將老屋改造成民宿的作品，讓不少旅人得以入住老空間，感受京都人的生活樣貌。

黑木裕行的推薦，圍繞在空間、心境、和身體。有的是空間自然而然產生的沉穩氣息，有的則是心境上的轉移和身體的體驗，對他來說，「都是可以慢下來欣賞時間的去處，也都是能帶來正

能量的地方。」

就像，我們一同走進庵公司改造完的「西陣伊佐町町家」，頓時，門外門內兩個世界，屋內的時光在老舊樑柱的襯托下，悠悠長長，縱然增添了新的裝修，仍然可靠著一扇門將室外的塵囂隔絕在外。保存下來且刻意裸露的建築結構，領著雙眼注視每個細節之餘，時光也就這麼緩慢下來。

很難想像的是，幾年前西陣伊佐町町屋還是棟形同廢墟的老屋，旁人可能連正眼都不願意瞧它一眼。黑木裕行有感地表示，京都町屋（一般多指前店後住的京都老房子）多半給人陰暗、冬天很冷的負面印象，不少人也就不嚮往，是許多町屋荒廢在那的主因。甚至，提到老屋改造，大家想到的是大筆的費用，壓根忘了，「舊建築歷經時間轉移，乘載許多人的回憶，擁有新房子沒有的力量。」他舉例，老的房子原本有稜有角的木頭變圓滑了，土牆也沾染上生活的痕跡，自然而然散發一股溫暖、柔和之氣。

這樣的發現，他也是經歷過了才知曉。從事老屋改造的工作之前，黑木裕行待過專把舊建築拆掉再蓋新房子的建築業，後來則是從事建築設計長達二十年。他回憶，轉換角色要著手改造老屋之初，看到了傾斜、牆壁剝落、慘不忍睹的房子，內心也不免出現疑惑：真的要進行改造？還好，從結果而論，讓他吃了一顆定心丸。

「我不能設計出一百年的房子，但可以用設計發揮一百年房子的魅力。」黑木裕行就如同一個京時間產物的守護者，默默的將承載許多人回憶的建築容器，改造成美麗的房子。

這一切對他而言，是吸引力，也是挑戰所在。就像他改造過最老的房子，是奈良兩百多年的老房子。他坦言，一開始很害怕。畢竟，「做得太多，舊的味道反而失真。」如何讓老屋面目一新卻又不失其精神，正是困難之處。

有趣的是，黑木裕行也從時間軸來看待老屋的

我不能設計出一百年的房子，
但可以用設計發揮一百年房子的魅力。

改造與翻新。他說，一百年前有人好好設計了這間房子，如今由他著手進行改造，不但不能超出原本的設計太多，甚至也要思考到日後有可能也會有人接手再調整。「我並不會是改造房子的最後一個建築師，所以考慮的不該是設計本身，而是以前、以後時間的轉移。」

然而我終究好奇，他怎麼決定哪些該大刀闊斧、哪些又該仔細修復？這當中的平衡如何拿捏？黑木裕行表示，「通常要保留的是老房子的重點。」而重點往往就是房子最用心、最值得欣賞之處。比如，日式老房子多半都會有個面對花園的榻榻米空間，景色最迷人之外，也是用來招呼客人最棒的地方。至於，無需保留原樣的空間，黑木裕行則建議不妨用現代的手法大力改造，目的則是讓住進空間裡的人更加舒適。

乍聽之下，似乎不是太難，但若知道每個老屋改造，黑木裕行可都花了數年才完成，其難度、挑戰與所需之耐性不言可喻。以島根縣的老屋改造為例，前前後後費時五年，包含正式設計前

與當地居民溝通、整合各式不同意見，到思考如何設計等。即便不用與居民溝通的京都老房，花時間反覆思考也是不能捨棄的，「由於入住遊客並不會自己提出需求，所以就得自己假扮遊客提出各式各樣的問題，不斷地推翻提案再推翻……。」

老屋與慢時光，都是京都缺一不可的靈魂。承載其中的歲月厚度，正是引人入勝之處。黑木裕行舉了奈良縣兩百六十年的老房改造為例，快完工之時，來了一位年紀頗大的老奶奶，原來她以前曾經常常到這個房子作客。雖然房子已改為餐廳，外觀和以前完全不同，但老奶奶看到這個空間被保留下來且神韻猶存，便喃喃自語喊著前屋主的名字說：「我回來了！」那當下的感動是黑木裕行不曾想過的。

是情感、是傳承，牽引著黑木裕行的步伐。「老房子不只是個老房子，充滿歷史與回憶。將之改造成美麗的房子，可以流傳下來。很難，但很吸引我！」

77

吃京都味定食
逛設計商品店

佛光寺 d & department Kyoto

很難想像，前往京都寺廟，目的卻和寺廟幾乎不太相干。這是位於京都市中心的佛光寺，很多設計、雜貨迷或許和我一樣，是到寺廟境內的「d & department Kyoto」朝聖。由設計師長岡賢明創立的 d & department 以永續設計為選品標準，不僅在日本各地找商品，也同時成立商店販售，並且在全日本開枝散葉。位於佛光寺的京都店就是其一，由京都造型藝術大學師生所營運。

過去很多京都人到寺廟享受時間，或欣賞庭園或思考。如今佛光寺加上了商店的營運，即便從事的活動不同，目的卻也都是時光的享受。

相較於清水寺、高台寺等地，佛光寺境內顯得清閒極了，拔地而起的銀杏悄悄吐露著佛光寺悠悠的百年歷史。主殿對面是 d & department 所開設的餐廳，而側邊則就是店鋪了。不光有強調實用、永續、機能的商品，裡頭更有京都味。京都釀造的啤酒、布巾、調味料等自信地陳列在

架上，也賦予店鋪在地靈魂，甚至也有一些京都搜羅而來的二手商品。

至於餐廳當然也是京都富饒的展現，簡單的定食可能用上的是店家特別嚴選的京都醬油、油品，也有以好山好水著稱的美山地區種植的黃豆產製的生腐皮，更別說京都醬菜怎麼可能沒有呢？這些樸質的美味盛裝在清水燒的器皿中，而顧客就坐在榻榻米上享用這頓飯，完全感受到京都是怎麼回事。每到春季，餐廳更是一片好風光，佛光寺裡盛情綻放的櫻花，從d & department的餐廳往外看即是，無需與人爭之。

寺廟裡的設計商店和餐廳，一點也不突兀，因為這是扎扎實實京都土生土長的風景。

d & department Kyoto販售不少京都在地商品，從醬料到布製品，從啤酒到餐盤，也有一些二手商品可挖寶。

d&department Kyoto

地址——京都府京都市下京区高倉通仏光寺下ル新開町397本山仏光寺内
電話——商店075-343-3217，餐廳075-343-3215
營業時間——商店10:00~18:00，餐廳11:00~18:00（週三公休）

一碗茶烤麻糬，老空間傳承歷史滋味

あぶり餅 かざりや

Aburimochi kazariya

あぶり餅 かざりや

地址——京都市北区紫野金宮町96
電話——075-491-9402
營業時間——10:00~17:30（週三公休）

這是鵜飼英幸在京式款待中推薦的千年烤麻糬（見138頁）同一條街上、對面的店家。很恰巧的，鵜飼英幸和黑木裕行各有支持。

「坐在這兒可以感受歷史。雖然顧客變了，但古今的人都在同一個空間享受著。」黑木裕行形容著在這可以體驗到的慢時光。他表示，已有空調暖氣的當今，店家在冬天仍以火爐取暖，彷彿把人拉回到過去。店家就在門口以炭火烤著麻糬，雙眼和雙手是製作時的關鍵，一點也快不得。冬日如此，炎熱夏日亦然。

一碗茶、幾根烤麻糬、一個老場域，沒有什麼比這個來得更簡單，卻也讓人鬆懈下來。靜靜的聽著戶外的風、看著屋裡時間的軌跡、嗅著空間裡的季節。時間的奢侈莫若如此。

78

茶寮宝泉

甜點排名常勝軍的雅緻庭園

79

茶寮宝泉

地址——京都市左京区下鴨西高木町25
電話——075-712-1270
營業時間——10:00~17:00（週三、週四、國定假日隔日公休）

從外觀之，茶寮宝泉是高聳的木圍牆和圍牆另一側高聳的樹木，有點深不可測。若沒有地圖指路，還可能會以為這就是一般的日式民宅，畢竟這兒非位於鬧區，周遭也都是尋常百姓家。事實上，這本來就是昭和時期富豪的宅邸，也難怪能夠如此氣派。

掀開門簾進入大門，迎接旅人的是一片疏密有致、高低錯落的日式庭園；真正進到屋內，即便等候入席的人滿室皆然，室內的雅緻卻絲毫不受干擾：和紙製作的燈將光影投射在深色牆上沉穩而有力，樸素花瓶裡插著的小花透露著芬芳小清新。脫下鞋子、踩上榻榻米，隨著店員穿過廊道進到坐席，則又是豁然開朗，主屋兩側落地窗外就是鬱鬱蔥蔥、緊密繁盛的庭園，一抹清新的綠就是夏日的救贖。最棒的是，還能在這樣有氛圍的空間裡享用日式甜點。配著沖繩產黑糖蜜的蕨餅，是茶寮宝泉的名物，軟滑的觸感中仍帶有爽脆的嚼感。這裡的蕨餅採用蒸的方式，才會呈現與市面蕨餅不同的黑色。而隨著季節更替的日式生菓子，則替視覺又增添了一筆細緻美感。

即便沒有地利之便，茶寮宝泉仍好評不斷，經常是日本美食網站「食べログ」（Tabelog）排名的常勝軍之一。但說也奇怪，總是客滿的此處卻一點也不喧囂，原來若有攜帶幼兒的顧客得在廚房旁一角特別設置的空間、無法入內；而同於和室的大家似乎也都很有默契般地細語、享受著戶外和室內皆美的光景。就如同黑木裕行說的，「來的人都把庭園當成一個舞台，享受著庭園的時間。」

入坐後隨即送上冰茶（左上），隨後則可一邊欣賞日式庭園（左下），一邊吃招牌蕨餅，是一大享受。

日本威尼斯！不可思議的千年船屋

伊根町舟屋

伊根町舟屋

交通方式——於京都站搭乘京都丹後鐵道至「天橋立站」，轉搭「丹後海陸交通」的公車，至伊根或伊根湾めぐり・日出或舟屋の里公園前下車（約需一小時）。
巴士時刻表——www.tankai.jp/rosen_img/zikoku_2016_3_26/kyogamisaki.pdf

「原來京都府也有大海！而且是很容易著迷的景色。」正受當地政府委託規畫設計漁港餐廳與咖啡廳的黑木裕行這麼形容伊根町舟屋。這是位於京都府丹後半島東北部的地區，隔著若狹灣與福井縣遙遙相望。之所以迷人，就在於絕無僅有的風土景致：舟屋，沿著海岸邊築起的木造房舍，一樓供船隻停泊，二樓或是後棟才是住宅。據說，至今有一千七百年的歷史。

即便同位於京都府，要從京都市前往伊根町是趟快不得的旅行。先坐上約三小時的火車抵達天橋立站，隨後還得再轉搭班次少的公車數十分鐘。小漁村安靜得連落葉的聲音都清晰，走在街頭巷弄，一棟挨著一棟的老舟屋對我們來說則是全新的視覺感受：站在街道上往舟屋看去，船隻就停泊在這個避風港內，各式捕漁工具佈滿整個空間，陳舊和陰翳相得益彰。

伊根町的美還在於，純淨。雖然外頭就是大

海，伊根町算是個內灣，幾乎是波瀾不驚。黑木裕行表示，這裡漲潮和退潮僅僅只有五十公分差距，大浪更是罕見。部分湛藍、部分翡翠的海水，則總是能擄獲旅人的目光與心。坐上小艇或大船一遊伊根灣提供了另一種欣賞角度，從海上看著一排老舊木造房舍（整個伊根灣沿岸約五公里、兩百三十餘間），一樓船隻與二樓居民日常的風景混搭出最在地的畫面。

想慢遊伊根町，還有單車可選，甚至當地也有不少釣魚體驗的行程。最理想的方式，則是就在當地的民宿住一晚，感受小漁村的樸實與慢時光。二〇一七年底之後，屆時黑木裕行設計的餐廳完工，勢必也是一處迷人的場域。

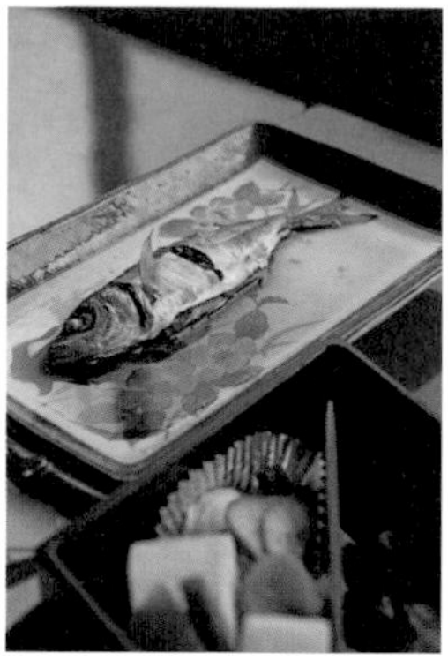

走進綿延不絕的茶山丘絕景

和東町茶畑

81

和東町

交通方式——於京都站搭乘JR奈良線至木津站，轉乘大和路快速至加茂。再轉搭奈良交通公車至「和東町の家」下車（約十五分鐘）。

巴士時刻表——www.town.wazuka.lg.jp/cmsfiles/contents/0000000/225/zikokuhyo.pdf

無處不茶園，這是用來描繪和東町最貼切的形容了。從京都市乘坐火車至加茂站後，搭上公車，當窗外的景色漸漸轉變，近的、遠的、山下、山上，皆是滿山遍野的茶園，不用任何指標和說明，便知和東町已到了。和東川流經的和東町，因為早晚溫差大，加上水氣，特別適合種植茶樹。據說，這裡自日本鎌倉時期（一一八五～一三三三年）就開始種茶，產業歷史超過八百年。而且，這兒還是宇治茶的主要產地。

在黑木裕行眼中，由市區前往和東町的過程，就是一種慢下來的沉澱。在和東町有多條散步路線可供選擇，一親有如綠毯、也像綿延不盡大海的茶山魅力。累了，則可在途中的咖啡廳、餐廳歇歇，甚至買買當地自產自銷的茶葉。正因為風景特殊，和東町也是「日本最美麗的村莊聯盟」之一。除了茶園，幾乎沒別的額外的景點了，但光是一望無際的茶園，已是很過癮的視覺體驗。

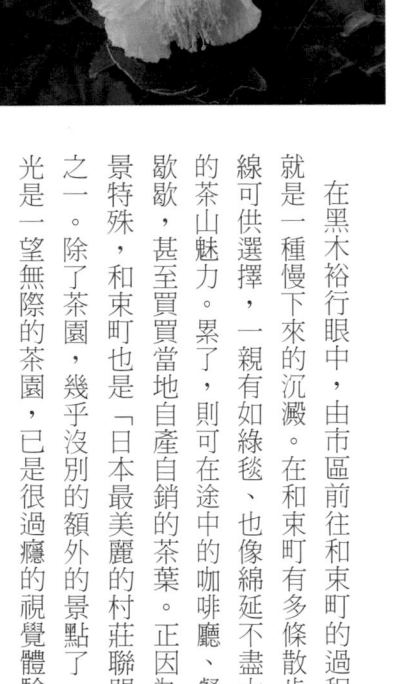

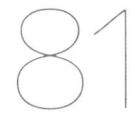

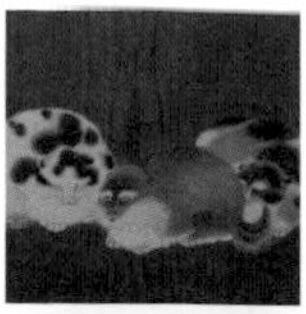
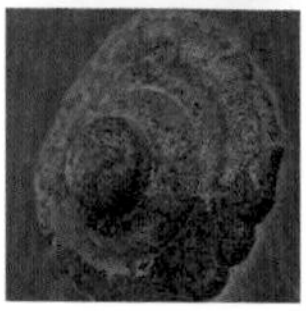

知恩院

日本最重大鐘與七大不可思議

82

知恩院

地址——京都市東山区林下町400
電話——075-531-2111
開放時間——09:00~16:30（16:00停止售票）

若八坂神社、清水寺是眾所皆知的必訪勝地，那麼同樣位於東山的知恩院便有點是隱藏版景點的味道。不少人往往不會將這兒列為首選，過而不入。不過論實力，知恩院可不落人後。

建於十七世紀的高聳三門（二十四公尺高），和南禪寺、東本願寺的並列為日本三大三門；此外，寺內還有日本最重、高達七十噸的大鐘。大鐘每到了歲末年終除夕那日就是全日本的關注焦點，此時，這是送往迎來的大鐘。除夕夜十點四十分，寺方十七位僧侶會共同拉著綁在木樁的繩子，一位拉主繩、其餘拉支繩，開始敲鐘。每敲一次，現場就會有三位僧侶行五體投地之禮。待一百零八響鐘聲敲完，已是新年的凌晨十二點半。

當然，平日的知恩院也有不少樂趣存在，寺內七大不可思議正是其一，像是走過去會發出如同鶯鳴聲的木長廊；無論從哪個角度看，屏風上

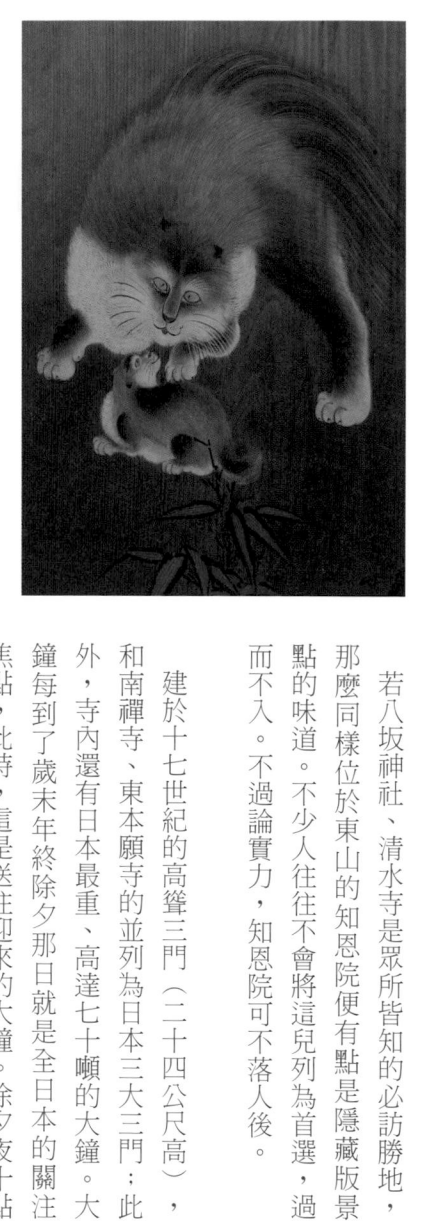

的貓總是看著你；放在大方丈走廊樑上重達約三十公斤的木杓等。寺內的御影堂雖然正在整修，直到二〇一九年底才會完工，不過知恩院占地廣闊，光是集會堂、阿彌陀堂、大鐘、友禪院等，就足以讓人清閒地漫步其中，更別說加上了位於東山山腰的特性，隨地形起伏的立體感更增添了感官的感受。

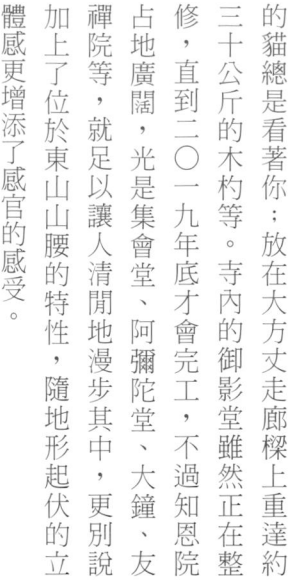

83 宇治上神社、宇治川

山邊樸實幽靜的世界文化遺產

宇治上神社

地址——京都府宇治市宇治山田59
電話——0774-21-4634
開放時間——09:00~16:30

同樣位於以茶葉揚名、世界最早長篇寫實小說《源氏物語》發生場景之一的宇治，同列為世界文化遺產，平等院和宇治上神社卻有著兩種風情。平等院恢宏氣派，參觀人潮總是源源不絕；而位於山邊的宇治上神社古樸實在，卻容易被人遺忘。事實上，可別看宇治上神社第一印象不起眼，這可是日本最古老的神社建築。

從小就經常到宇治遊玩的黑木裕行說，宇治川和宇治上神社有種神祕感。沿著宇治川而行，會先來到宇治橋，從這便可看到引自琵琶湖的粼粼河水，「和京都的河流不同，宇治川少了人工開發感。」黑木裕行表示。跨過河床沿著小徑越走越隱蔽，宇治上神社就像被森林包覆著一般，即便看見了偌大的鳥居和招牌，也找不到任何線索，無從想像。神社境內比起京都的寺廟神社來得更貼近土地、也更為「素顏」。歷經風霜褪去顏色的木構建築，不見細細雕琢，和自然協調的融合一起。參天的巨木、宇治七名水唯一保存下來的桐原水等，在在都陳述著時間的意義。

伏見稻荷神社

地址——京都市伏見区深草藪之内町68番地
電話——075-641-7331

84

上萬鳥居搭起的無盡神秘隧道

伏見稻荷神社

什麼原因，讓伏見稻荷神社在二〇一四年奪下「最受外國人歡迎的日本旅遊景點」榜首？當我看到稻荷神社在參道豎起旗幟，以此作為宣傳時，訝異之餘也浮現了這個疑問。這並非我第一次造訪，但直到此時才意識到，原來大家是這麼的喜愛這裡，乃至於勝過全京都全日本的景點。

神祕和對比，大概是其迷人之處吧。每個造訪伏見稻荷神社的人，心思都落在寺廟後盤據整座山的鳥居。這塗著赤紅色的鳥居們，出現在電影《藝伎回憶錄》裡，經過傳播彷彿成了京都意象。任誰也很難想像，一座挨著一座的鳥居就這樣隨地形而起伏，成了一座無盡的神祕隧道。走進當中，陽光透著縫隙灑落，鳥居外的綠意盎然和這些對神明的捐贈形成對比，外綠內橘、外清晰內迷離。多數人對於沿著山徑而立的鳥居最大的印象莫過於「千本鳥居」，但事實上這只是其中一段，而鳥居的總數早已破萬。

從小就在附近長大的黑木裕行說，「走在鳥居當中，因為可以一直看到鳥居，走著走著也容易忘了時間。」確實，那是一種有如黑洞的過程，深不可探。一小時過去，隨著沿路不時出現的狐狸造型的石雕、可眺望京都市景的中繼點，最後會來到最高處一之峰。往下走的回頭路則又是另一番風景，每個鳥居的背面會刻著供奉者的姓名或公司行號、時間，背後代表著一個又一個看不見卻又如此真切的願望。

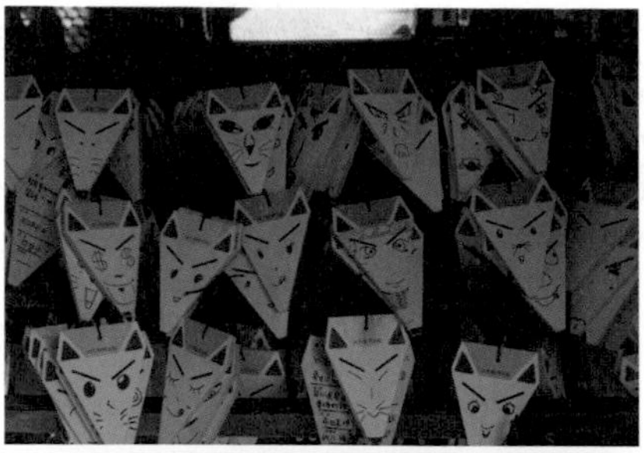

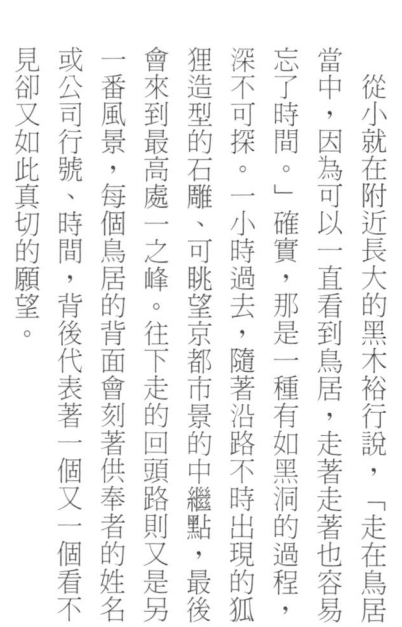

85

西陣伊佐町町家
庵町家ステイ

來去京都老房子住一晚

© 黑木裕行提供

這幾年京都的「町屋再生」蔚為風潮，稱作町屋的京都狹長老房子被改成了咖啡館、餐廳、商店、藝廊、甚至旅館。這真是一大福音，遊客終於可以進到木構老房子裡感受老屋新生的魅力所在。

西陣伊佐町町家就是由八十餘年老房子改建而成的民宿。這麼說，或許不夠確實，因為町家的後半仍是正常營運的西陣織工廠。若沒有看過舊照片，很難想像這裡在改裝前的破敗陳舊，就如同沒落的西陣織產業，這間坊織工坊也一度形同廢墟。鄰近生產和服腰帶的織布公司改變了這個頹勢，他們買下這間老房子、並委託黑木裕行所屬的庵公司著手進行改造，一半是旅館，一半就是他們生產和服腰帶的工坊。也正因這種結合京町家與傳統工藝的雙重組合，讓西陣伊佐町町家顯得特別。

西陣伊佐町町家入門後，可看到被竹簾覆蓋著的古水井，至今仍是活水。這條通道其實是老町屋廚房的所在，往右是住宿，往前進到屋子後段則是工坊，往上抬頭則是直達屋頂的結構。

透過設計手法，兩層樓的分野、房子架構一目瞭然。支撐房子的骨幹或許老矣，不過整間旅館可謂煥然一新。木頭製的澡缸，一打開窗就是設計者精心安排的坪庭（小庭園），二樓也有廚房、水槽、冰箱等設備。驚喜則位於二樓後方往下看，整個運轉中的織布工坊就在眼前，鉅細靡遺。原以為二樓會因為天花板而感到壓迫，或許因為空間通透，坐在二樓義大利皮椅上，反而有種沉靜的氣氛。

買下這間老房的織布公司說，上班日的早上八點，職人便開始上工，織布機發出非金屬碰撞的聲音，就是過去西陣處於繁盛時期的代表。過去，京町家是前店後住，現在西陣伊佐町町屋的前住後工坊雖不盡相同，卻也是絕妙的組合。

© 黑木裕行提供

© 黑木裕行提供

西陣伊佐町町家

地址——京都市上京区大宮通上立売上ル西入伊佐町238
電話——075-352-0211（「庵」代表電話）（此町屋擔當者電話090-4492-6425）

現在的通道是以前的廚房，整個房子的結構一覽無遺。

© 黑木裕行提供

謎樣般京都風流夜

京都精華大學講師&設計師——

サノワタル

Sanowataru

始終覺得，清晨或是黑夜的京都帶著隱蔽性，看似波瀾不驚的水面下其實充滿著各種攪動與律動，更值得一窺究竟。這種氛圍就如同京都人的委婉與曖昧，讓人看不透也摸不清。

清早，靜到不行的祇園巷弄，沒有人來人往的擁擠，不免也有種京都人都還在睡的錯覺。實際推開咖啡小店的大門，裡頭早已充斥著京都人的活力。高齡八十九歲的婆婆一人經營著這家已有四十多年歷史的咖啡店，她的臉上沒有一絲倦容，直說快九十歲了，所以更要努力保持；熟客抽著菸或看報紙、或和婆婆閒聊著，桌上的咖啡與土司則是擁有開闊胸襟、廣納外來文化的京都人日常寫照。

夜裡，祇園花見小路巷弄裡大批看熱鬧的觀光客早已不見人影，剩下的是無盡的黑與靜。真的安靜？還是耳朵不夠銳利？那古典木房裡，一身華服的藝妓們或在表演，或和食客熱烈喧嘩地玩著遊戲，好不熱鬧，彷彿今宵不醉不歸。

夜京都，格外令人想探索。或許因為夜裡蒙上的這份漆黑，讓京都更具神祕色彩；也或許很實際的需求使然：當寺廟早早閉門（冬季許多寺廟下午四點即關閉）、百貨商場營業時間僅至八點為止，該上哪感受夜晚京都的風流？

沒有什麼比風流二字更能貼切地描繪京都人擅生活、富情調的雅緻了。風流在日文裡，不但是有品味、高雅的內涵，更直指驚人、特別的美。夜幕低垂後的風流京都該是什麼樣貌？是設計師、也是京都精華大學講師的サノワタル（Sanowataru）從在地人的視野和我分享著。

自從把目光聚焦在夜京都後便發現，專屬京都夜裡的慶典與活動，的確比起日本其他地方來得豐盛。夜櫻、滿月祭、御手洗祭、祇園祭、五山送火、火祭、夜楓、花燈路……，這些太陽西落後才開始的活動隨著季節時令一檔接著一檔。原來，京都自古以來就是個活躍於夜裡的佼佼者。

即便撤開特定日期、時間舉辦的這些活動，京都的夜仍舊精彩，絲毫不減其魅力。翻開了以「京都酒場」為主題企畫的雜誌，地圖上密密麻麻的店家彷彿花上數個月也無法一一造訪，更別說還有更多尚未被介紹的店家。這些訴求鮮明、獨樹一格的深夜食堂，正是夜京都最令人期待和暢快的場域了。

サノワタル也是咖啡廳、酒吧「Iroiro」（日文各式各樣的意思）的經營者。坐落於京都最古老商店街「松原京極商店街」的Iroiro，有著專屬京都夜生活的性格。首先，幾張桌子和一個L型吧台，顯現出小巧風格，是很典型京都餐廳、食堂的格局。吧台，絕對必要，其重要性更甚一張張的桌子，從許多餐廳甚至只有吧台就能知曉，夜京都令人嚮往的一道風景就在吧台裡外的互動，昏黃、微醺、熱絡。

Iroiro是與眾不同的。門外，有專為單車族設計的停車架；門內，身為設計師的サノワタル把這裡很小的部分空間當成辦公室，也在店裡賣起了書籍、生活雜貨與設計商品。咖啡濾杯、紙製吸管、密封玻璃罐、沙漏等，由サノワタル嚴選的這些生活小物替酒吧增添了生活溫度。

京都的夜曲，就是由和Iroiro同樣有著「走自己的路」的無數小餐廳、小食堂所譜成的。隨著サノワタル推薦的清單逐一走訪，京都的黑夜深藏不露，更令人流連忘返。小歸小，這些深夜食堂從主題、菜單到裝潢卻總是帶來驚喜。有專攻日本各地精釀啤酒的酒吧、把一隻雞肢解成十六種部位的燒烤、營業到主廚放棄為止的日式居酒屋、法式小酒館……，既獨特又多元。唯二要頭疼的，就是時間永遠不夠，以及要如何擠進僅僅數張座位、一不小心就客滿的這些店家。

既自慢又低調，是這些店家不用刻意彰顯卻如影隨形的特徵，也是京都世代傳承企業共通的處世之道。サノワタル深深為此著迷眷戀著。大學畢業後前往東京發展的他，有感於消耗和速度太快，偶然之下回到了京都。他曾在設計公司工作，後自創公司，為京都的老企業、新餐廳做視

京都是個規規矩矩的城市，公司和商店很有歷史，
總是給人踏實之感。即便只是從事設計工作，也能從中學到很多。

Make You Smile!!

先斗町

覺網站設計，也在大學裡執教鞭，一晃眼就是十幾年。他說，「京都是個規規矩矩的城市，公司和商店很有歷史，總是給人踏實之感。即便只是從事設計工作，也能從中學到很多。」驚人的時間厚度與商店本身扎實的實力，總令他在設計工作之餘有額外的獲得。

サノワタル的話一出，我忽然有點懂了，也心有戚戚焉。夜京都之所以精彩絕倫，乍看之下似乎是各式各樣的花招與賣點，這些梗固然重要，但支持著他們繼續前行的力量，其實都是背後扎扎實實地付出與努力。就像，十六種雞部位的燒烤之所以迷人，除了提供罕見的特殊部位外，就是日日從市場進貨的堅持。

就是サノワタル口中的踏實感。在無數夜裡流連於一家又一家的食堂、餐廳後，我總是在深夜才又推開大門掀起暖簾走出這些店家，無論是料理的美味度、用餐的興致、甚至荷包的飽滿度，都讓我感到實在踏實。就如同在深夜的祇園街道遇上了踩著木屐身著和服、仍舊翩翩而行的藝妓，我知道，京都的夜和白天同等精彩；京都的夜是由無數堅守崗位、有所堅持的人所共同創造的。

86

Iroiro

地址——京都市下京区松原通油小路東入ル天神前町327-2
電話——050-1545-5689
營業時間——15:00~23:30（週二、週三公休）

伏見稻荷神社

夜探神祕奇幻鳥居

87

伏見稻荷神社

地址──京都市伏見区深草薮之内町68番地
電話──075-641-7331

伏見稻荷神社上萬的鳥居，其實是前來參拜的人許願後所捐贈的。至於原因，原來是捐贈鳥居（Torii）和日文實現願望的「通」（Toru）字有著諧音關係。多數人總是白天來到這座日本人眼中的聖山，我也從沒想過夜晚造訪伏見稻荷神社，會是什麼樣的風景？

月黑風高的夜晚，沿著台階來到千本鳥居的入口，路上倒是不孤單，零星遊客也前來一窺究竟。橘紅色的鳥居隧道在夜裡顯得更加神祕詭譎，靠著鳥居裡間隔數公尺掛著的夜燈，一路而行，時而明亮時而昏暗時而見到了月光灑落。或許因為人少、或許就坐落在山裡，此時安靜得風吹草動都可以聽見。

伏見稻荷神社的夜景也有極致的時候，那是每年七月的祇園祭期間，宵宮祭和本宮祭的前一日，短短兩天，伏見稻荷神社會在鳥居上掛滿燈籠，且在七點多日落後點亮。這樣的景致也被列入「絕景京都」之列。此時，鳥居隧道比平日夜裡來得明亮，卻仍充滿異次元時空的氛圍。

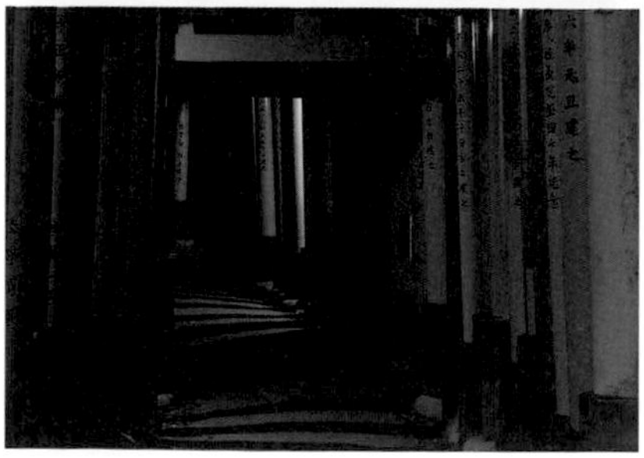

醍醐寺夜楓

湖畔夜楓與和尚低沉的誦經聲

醍醐寺

地址——都市伏見区醍醐東大路町22
電話——075-571-0002
夜楓夜間參拜時間——18:00~20:30

每到了春櫻、秋楓時節，京都不少寺廟也隨著遊人興奮的心情特別忙碌。除了在此時會特別公開寺方寶物供參觀者欣賞外，不少寺廟還會有「夜間參拜」，將各色燈光投影在櫻花、楓葉上頭。照明之意絕非僅是為了看得清晰，更重要的是讓這些季節限定的風景有別於白天的姿態，更加濃豔撩人。策略奏效，賞櫻賞楓名所傍晚時刻得先清場，到了夜間重新開放，總是人山人海。幾次的經驗都是得循著人龍前行參觀，嚇得對這類活動敬謝不敏。所以當サノワタル推薦並掛保證醍醐寺的夜楓時，心裡充滿期待。

先說結論，醍醐寺的夜楓滿意度破表。或許是因為地理位置帶來的不便，前往世界文化遺產醍醐寺的公車班次少，搭地鐵至醍醐站也還得走上至少十分鐘的路程才可達，前來賞夜楓的人並不多。也或許醍醐寺和櫻花已劃上等號，鮮少人知曉這也是賞楓名所。即便距離六點開放夜間參拜還有一段時間，醍醐寺仁王門前也陸陸續續湧現

數十名人潮，有些人購買了五點四十五分提前入場的票券而先行而入。

開放時間一到，現場小小排了隊買票，人群魚貫而入卻也被偌大的醍醐寺下伽藍給稀釋了。眾人最終的目的全是「弁天堂」，這裡有著夜楓的雙重享受，一是打上燈光的楓葉和寺廟建築，二是這些沿著水池的三百五十株楓葉和小橋、建築全都倒映在水面，虛虛實實假假真真。此時，一旁的觀音堂傳來了誦經聲響。原來，自二〇一一年開始在秋天夜間參拜的醍醐寺，特別打出和僧侶一起祈禱的「錦秋之夜」，在眾多的夜楓當中獨樹一格。當日，誦經過程僧侶不光是在觀音堂而已，我還碰到站在池邊誦禱的僧侶，搭配著楓紅、水池、燈光、倒影，格外觸動人心。五感的體驗，是醍醐寺夜楓和別人最大不同之處，他們甚至安排樂隊、音樂家到現場舉辦音樂會。

過去，醍醐寺下伽藍的夜楓得要提前預約，現在則不用。這裡也是京都夜間參拜少數可以使用三腳架的寺廟，攝影愛好者千萬別錯過。為什麼醍醐寺的夜楓可以設計得如此完善？傾聽來訪者的心聲或許是主因。購買票券時，也同時拿到一張顧客滿意度調查表，簡單的三個題目卻傳遞著在乎的貼心。如果，只有一次賞夜楓的機會，那麼絕對是醍醐寺。

從醍醐寺的仁王門（左下）進入後，經過長長的竹林小徑（左上）與路途，最後才會來到「弁天堂」（右頁）。

88

超級深夜食堂的和食與葡萄酒

ツネオ

Tsuneo

89

ツネオ（Tsuneo）

地址——京都市東山区下河原通八坂鳥居前下る上弁天町433
電話——075-746-4977
營業時間——18:00～04:00（食材販售完畢即休息，不定期公休）

用超級深夜食堂來形容「ツネオ」（Tsuneo）一點也不為過。主廚岸名裕彥在菜單這麼寫著營業時間：「自晚間六點開始到食材賣完為止，或到我放棄為止。」通常，最常主廚放棄的時間大約落在凌晨四點。這正是經常造訪的サノワタル推薦的主要原因。

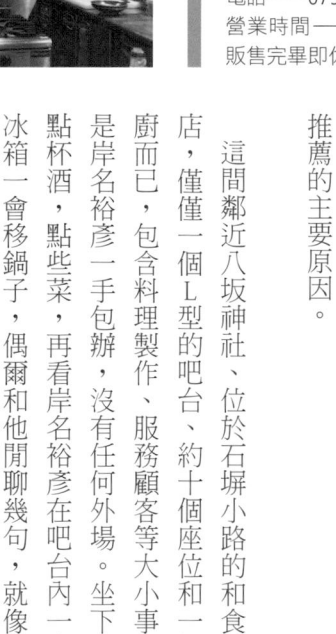

這間鄰近八坂神社、位於石塀小路的和食料理店，僅僅一個L型的吧台、約十個座位和一位主廚而已，包含料理製作、服務顧客等大小事全都是岸名裕彥一手包辦，沒有任何外場。坐下來，點杯酒，點些菜，再看岸名裕彥在吧台內一會開冰箱一會移鍋子，偶爾和他閒聊幾句，就像行星運轉般自有其速度，料理也就一道道被送上來。

並非廚師出身的岸名裕彥對菜餚有著一套細膩的思維，一是透過食材描述日本旬之味。隨每個月更替的菜單是基本，不少冠上日本城市名的菜名，正是讓人見識到日本富饒的物產。另一個細膩則是岸名裕彥的料理手法，別看他僅僅一人，對於味道的掌握和烹調的節奏可謂行雲流水。一道簡單的「酥脆的炸雞翅搭配柚子胡椒」，將雞翅末節去掉後，仍再將其切分成數塊，送上桌時骨頭探出了頭，原來只要手握住骨頭處就能輕易讓雞翅骨肉分離，更別說看起來普通卻有著酥脆口感的雞皮，搭配著裡頭柔軟多汁的雞肉。

ツネオ還有一特別處，店裡整面的葡萄酒櫃是其與眾不同，裡頭大多是法國、義大利的葡萄酒。而隨著時間越來越晚，ツネオ也有不少祇園附近的餐廳同業前來用餐，又是另一番風景了。要提醒的是，這裡有菜單，上頭卻沒有價格，一般平均消費約是一萬日圓（約合新台幣三千三百元）。

即便是鮭魚卵小菜、生魚片到炸雞翅，也能見到主廚的功力。在這兒一個月會更換一次菜單。

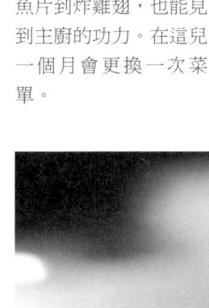

西班牙菜小酒館的超滿足下酒菜

サントレス

Santres

90

不到七點，走到サントレス（Santres），往右拉開大門，裡頭已是人聲鼎沸，就像是Bar的氣氛，歡樂滿盈。這裡是西班牙菜的小酒館，滿座之時加上店內的裝飾和擺設，空間幾乎被擠滿了，僅剩下連服務人員行走都得吸口氣縮小腹再縮小腹的空間。但也正是這種氣氛才配得起西班牙小酒館這樣的稱呼。

酒精飲料在小酒館、酒吧本來就是理所當然，サントレス特別著重在葡萄酒上頭，他們認為飲用葡萄酒也可以很輕鬆，所以價格門檻特別親民，單杯葡萄酒三百三十日圓（約合新台幣九十九元）、單瓶一千五百日圓（約合新台幣四百五十元）即有。

至於和酒相互搭配的西班牙餐點也很精彩，當日試了油封秋刀魚、蒜香蝦兩道看起來簡單的小點，就像是跑馬拉松時一旁傳來的加油聲會鼓舞人繼續向前，滑嫩的魚肉、香氣逼人的蝦子，催

促著意猶未盡味蕾繼續探索著。不知不覺，酒也再來一杯，熱騰騰的西班牙海鮮飯已在爐火上吱吱作響。如果你如同漫畫《孤獨的美食家》一樣總是隻身一人，那麼你更會愛上這兒的，因為他們提供一人份的西班牙海鮮飯。

サントレス（Santres）

地址——京都市下京区烏丸五条下ル大坂町392 豊栄ビル 1 F
電話——075-351-2133
營業時間——週一至週五17:00~24:00，週六11:30~24:30，週日07:30~17:00（不定期公休）

大自然萬物之美 齊聚一堂

ウサギノネドコ 京都店カフェ
Usaginonedoko Cafe

91

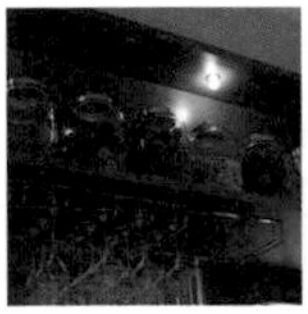

這是間充滿視覺刺激的商店，ウサギノネドコ（Usaginonedoko）京都店圍繞著「自然造型之美」的主題，在店內販售各式各樣的植物、礦物、動物標本。被放在透明立方體內的植物種子、花朵，帶來前所未有的七百二十度視野來欣賞這日常周遭的小物；紋路各異的海膽骨骼標本彷彿就是一個奇幻世界。特別是這些標本被擺進京都古樸的木造老房子裡，一切就是這麼的合拍。

雖然這間店營業到六點半，不過就位在隔壁的同名咖啡店就成了打發時間的好去處。咖啡店同樣運用礦物、植物等元素作為裝潢設計，氣氛卻迥異，具現代摩登感也帶點博物館的氛圍，視覺更為搶眼。別以為這樣的咖啡店就是來「吃裝潢的」，店內的餐點不但講究顏色、造型，味道也是水準之上。一道「紅色沙拉」讓紅色系的生菜佈滿白盤，感覺像是在作畫，也看得出這兒獨到之處。烤雞腿則是熟度恰到好處，鮮嫩的雞

左上——以紅色為主題的沙拉，呼應著秋天。
右上——雞腿肉煎得到位，和小黃優格醬很合拍。

腿肉搭配上特製的小黃瓜優格醬又有不同風味。食畢，也領會到從眼睛、舌尖到心裡愉悅的感覺。

ウサギノネドコ京都店カフェ（Usaginonedoko Cafe）

地址——京都市中京区西ノ京南原町37
電話——075-366-6668
營業時間——11:30~20:00（週四公休）

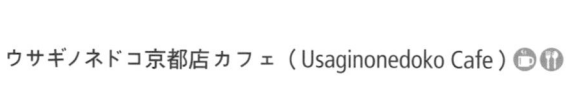

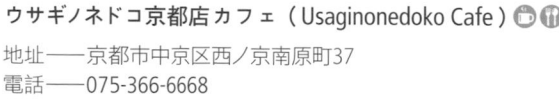

一次享受十六種 雞肉部位燒烤

Sot-l'y-laisse

炭火焼く鳥ソリレス

92

走進日本的燒烤店最大的享受莫過於，可以品嚐到許多罕見、台灣也吃不到的部位。Sot-l'y-laisse 正是這樣的雞肉燒烤店，店名 Sot-l'y-laisse 是法文中指禽類身上位於腿和背之間的兩塊稀有部位，字面上的意思是「傻瓜才不要的東西」。

一般的燒鳥店多半會由店家烤製好才端上桌給客人，不過在 Sot-l'y-laisse 有點像是吃燒肉，他們會端上炭火火爐讓大家自己動手烤。一次品嚐雞的十多種部位，當然就是這裡最過癮的事了。雞腿、雞皮、三角軟骨、雞屁股、雞腎表皮、體內卵、里肌、雞頸、雞胸、雞腹肉、雞心留、雞肝、雞心、雞胗、雞睪丸、雞腎、雞翅，店家最多可以提供十六種不同部位。代表鈴木弘二自信地表示，即便在日本一次要吃到這麼多部位真的不容易；他們選用的是京都赤地雞，而且每天早上才從市場進貨，才能有如此的品質保證。

怕自己動手搞砸了這些肉品？別擔心，貼心的

店家在菜單上每種部位上頭，除了文字說明外也製作了 QR Code，只要手機一掃就會有教學影片出現。在燒鳥之外，Sot-l'y-laisse 也提供下酒小菜，甚至還有台灣的雞肉飯！只不過，昏黃的店內總是高朋滿座，最好提前預定位置，不然就得避開晚餐尖峰時段，讓這些燒鳥成了宵夜。

Sot-l'y-laisse（炭火燒く鳥ソリレス）

地址——京都市下京区河原町松原上ル清水町284フジヨシビル1F
電話——075-353-7018
營業時間——18:00~02:00

鬧區中的法式小酒館

Brasserie Café ONZE

93

Brasserie Café ONZE
地址——京都市下京区木屋町通四条下ル斎藤町125
電話——075-351-0733
營業時間——15:00~01:00

又是間越夜越美麗的小酒館，Brasserie Café ONZE 位於京都飲食店一級戰區木屋町上，卻絲毫不影響其受歡迎的程度，特別是店裡有不少的歐美遊客。這裡從裝潢到菜色，就如同法國的小酒館，從吧台上擺放的東西就能窺一二：裝在容器內的油漬橄欖、一整支火腿。翻開菜單，整個人彷彿飛到了法國，從肉凍、鹹可麗餅，到法式油封鴨、白酒燉牛肚等，全是法國在地的滋味。

Brasserie Café ONZE 定調自己做的是法式地方料理和家庭料理，因此無論菜餚或是裝潢走的都是輕鬆自在感。下午三點至深夜的營業時間，加上餐酒特色，讓這裡充滿彈性，想點下酒菜搭配葡萄酒，還是飯後想在昏黃店內喝杯酒感受微醺，沒有餐廳的正襟危坐，Brasserie Café ONZE 提供了別於日式居酒屋的另一種選擇。

94 大口喝日本精釀啤酒

BUNGALOW

夏天時造訪 BUNGALOW，是找不到大門的。一面面向大馬路，一面向著小巷的 BUNGALOW 拉開這兩個立面的鐵門後，沒有任何和外頭的屏障，是個通透的空間。即便寒冷的冬天，僅僅以透明塑膠拉門隔開，這兒也仍具開放感。店內一樓是近年來日本很流行的立食，二樓才是座位區。整體的氛圍帶著些許的粗獷感，充斥著水泥天花、木板等元素。

這裡最大的特色是最近紅遍日本的精釀啤酒。走進店內望向吧台，即可看到寫在黑板上的幾個大字：「桶裝現壓精釀啤酒」（Craft Beer on Tap），然後羅列了當日提供的十款精釀啤酒名，甚至產地也註明其中。若你是精釀啤酒迷，那麼拿到菜單後更可從中獲得不少資訊。每款精釀啤酒都註明了：發酵方式、啤酒種類、國際苦度值（IBU，通常數值越高越苦）、酒精濃度等。也就是說，從中可以判斷哪款是你的菜。

當然，身處京都來杯京都釀造出來的精釀啤酒絕對是不會錯的選擇。特別是，京都釀造公司推出的啤酒名總是帶著京都才有的意境，格外引人注意。一期一會、歐洲之風、一意專心、初雪、双截龍等，都是他們曾推出的酒款，也令人飲用時多了份想像。有啤酒怎少得了酒食？BUNGALOW 也提供沙拉、香腸、肉派、炒肉等多元的佐酒餐點，美味程度與酒、店的氣氛相得益彰。

立食近年在日本蔚為風潮，BUNGALOW 一樓的吧台就是沒有椅子的（下）。喝啤酒，當然少不了下酒菜（上）。

BUNGALOW

地址——京都府京都市下京区四条岬川東入柏屋町15
電話——075-256-8205
營業時間——週二至週六15:00~02:00，週日12:00~23:00（週一公休）

酷老闆與七個位置的蕎麥麵店

まつもと

Matsumoto

95

小到不可思議的店總是在日本有其生存之道，開店三年多的まつもと（Matsumoto）就是其一。賣的是蕎麥麵、酒食和酒，店內僅僅七個吧台座位。滿座之時，若要從大家身後的走道通過，就是一場考驗。

這裡的招牌是蕎麥麵，提供的款式出乎意料簡單：冷麵兩款，湯麵兩款。不少人喜歡吃手打百分之百蕎麥冷麵，也有人擁護鴨南蠻蕎麥湯麵。我則是後者的啦啦隊，金黃清澈的高湯，搭配著日本大蔥和鮮嫩的鴨肉，這是多麼令人滿足的一碗再簡單不過的麵食。

從擺設到氣氛，まつもと店內有股大人味，老闆也是酷酷的，除了點菜結帳之外幾乎鮮少聽到他說話。中午開店兩小時，晚間則從四點到深夜。或許因為七個位置之故，開店前即有排隊人龍出現。店內老闆也慢條斯理地非得等到營業時間過了才將大門打開迎客。

而這家店位於的柳小路，是條僅兩人通行的寬度、長六十公尺、鋪著石磚的情緒小巷，就連京都人也不一定知道。近年來則因為饒富風情，加上像是まつもと這類店家的進駐，讓此巷成為受到矚目的名所。吃完蕎麥麵離開店家，若是碰上細雨的時刻，那麼屬於這條巷弄的詩意京都，絕對是難忘的京都夜。

まつもと（Matsumoto）

地址——京都市中京区中之町577
電話——075-256-5053
營業時間——12:00~14:00；16:00~23:00（週日13:00開始營業，週二公休）

京都迷悠晃上癮的口袋名單

自由撰稿人——徐銘志

每回在規畫京都行程表時，總是一個頭兩個大。想填進行程空格裡的，不乏未曾到訪、想一探究竟的景點和店家，同時心裡卻也有些保留空間，給那些無論如何就是想再去的地方。

很神奇的，就是有些地方讓你懷念，然後一而再再而三的前往，彷彿京都行少了它也索然無味。就像是鴨川，若沒有站到溪旁走上一段，看看上游的大山、緩緩而下的水與天空，甚至就坐在河堤旁吃個便當或什麼也不做，那趟行程也就索然無味。

這當中不乏前面九位京都好友的推薦，卻也有一些屬於我個人的口袋名單，若它們沒有出現在這本書裡，自然也就成了各位的遺珠。

一位旅居德國柏林、同為自由撰稿人的朋友問我：你會有所保留幾家自己特別喜歡的店家，避免遊客大批湧入，你反而不得其門而入？我的回答是，一般來說，京都的店家規模都不大，所以也就無所謂保不保留的議題了。頭疼的只是，該怎麼從密度極高的景點、店家中，挑出有限的數量，描繪出京都該有的模樣。

一直在思考，究竟是什麼讓我對它們產生依戀，而到了每到必訪的程度？季節交替產生的風景差異或許是其一。寺廟裡望出去的庭園框景彷彿日日皆有不同，呈現出的氛圍也是變化多端，自然迷人。

但更為核心的，我想應是它們帶來的安定與無限的幸福感。不知為何，思緒和內心總能在造訪後漸漸地清澄，然後體會簡單的幸福。那是可以持續很長很久的幸福感，回想起來會笑的那種。

數量不多的清單，各個都散發著濃濃的京都味。至於，其他的遺珠們還多著呢！不妨就讓它們成為下次再訪京都的理由吧。

不知為何，思緒和內心總能在造訪後漸漸地清澄，
然後體會簡單的幸福。
那是可以持續很長很久的幸福感，回想起來會笑的那種。

御手洗祭

平安時期流傳至今
浸泡雙腳祈福儀式

御手洗祭（下鴨神社）

地址——京都市左京 下鴨泉川町59
電話——075-781-0010
活動時間——17:30~21:00

祭典在京都是美麗的、美好的。不光是呈現形式的美與細緻，還有著深層寓意頗深的祝福與祈願。御手洗祭便是我相當喜愛的其一。炎熱夏天在下鴨神社舉辦的御手洗祭，是京都祭典中唯二每年日期不固定的（另一為滿月祭），在「土用之丑日」（七月二十日前後至立秋前一天稱為土用）舉行的祭典，一般多在節氣大暑和立秋之間，是一年當中最熱的時候。喜歡的原因，不外乎這是外人可以親身參與的祭典，且帶著滿滿祝福。

這是去除厄運，祈求一年無病無痛的祭典，雖然稱為御手洗祭，但方法是將雙腳在御手洗池裡浸泡洗淨，可說是洗足的活動。據說，自平安時期貴族們就有在土用之丑日洗淨雙腳的習慣。流傳至今，參與者從市民到日本人，甚至也有為數不少的觀光客。

傍晚才開放的祭典，越夜越熱鬧，人潮不斷湧入。脫了鞋、買了祈福蠟燭，然後循著排隊人龍

踏入了水池。僅僅十多度的地下水，怎麼都比想像中的冰涼，無論你是否有心理準備，踏入的瞬間，必然驚呼這從腳底到全身的沁涼。接著為了確保點亮的蠟燭不被風吹熄，所有人小心翼翼地前行，直至蠟燭插到燭台上。雙眼緊閉、雙手合十、誠心地祇願著，是水池燭台邊最常見也最美的畫面。

離開水池後，現場則有神水可供飲用或請工作人員將之往頭上澆注。沒有複雜的儀式和多餘的裝飾，簡簡單單讓人可以祈求平安，御手洗祭的魅力莫過於此。離開了現場，長長的糺之森已是綿延不絕的攤販，吃喝玩應有盡有。夏夜在京都，一點也不燥熱，是充滿正念與歡樂的享受。

96

夏夜祭典御手洗祭，不斷湧入御手洗池的人，都是來祈禱去除厄運和病痛。

圓光寺

地址——京都市左京区一乗寺小谷町十三番地
電話——075-781-8025
開放時間——09:00~17:00

97

洛北賞楓名所的四季之美

圓光寺

圓光寺是我每回造訪京都會設法前往的寺廟，它的地點已非在京都精華區，持公車一日券搭乘需額外多付費，卻不減我想前往的嚮往。

依山而建的圓光寺贏在無處不在細節。始終記得第一次前往的經驗，五月，那是京都旅遊的淡季，好似什麼都不值得一看，但圓光寺迎接日常與不多遊客的雅緻絲毫未怠。先是一座雅緻的水琴窟，高頻而深遠的叮~叮~聲響就像是淨化五感的儀式；一根竹子橫亙於上，插著一朵白花，似乎提醒著每個季節都有各自之美。走進屋內面對大名鼎鼎的十牛之庭，滿盈的綠令人開了眼界，從未想過光只有綠色竟可以有如此豐富的層次，深深淺淺、或明或暗。離開屋內走入庭園則又是另一種被高高低低的綠包圍的享受。

日後，各式季節的庭園風景便成了我前往圓光寺的理由。水琴窟上的那朵花也隨著季節而換成了繡球、楓葉。你若上圓光寺的官網查看就知道

我所言不假，春天的櫻花、夏天的綠，還有人潮最多的秋楓（此處為賞楓名所）都有著各自的性格與美感，甚至枯凜的冬天也散發著蒼勁純粹之美。

圓光寺給予外人的，遠比想像來得多。像是不同一般寂靜枯山水的「奔龍庭」、洛北最古老的泉水「栖龍池」、替庭園增添不同綠意的竹林、眺望洛北的小山丘，都是境內值得細細花時間品味的一隅。

上——水琴窟因結構之故，會發出高音頻的聲響。
下——遊客喜愛坐在榻榻米欣賞十牛之庭。

白川畔品京都名產 日式煎蛋三明治

やまもと喫茶

Yamamoto Kichya

98

京都的早餐，怎麼能沒有日式煎蛋三明治？日本雜誌 Casa Brutus 以「京都是日式煎蛋三明治的街道」來形容就能知道其地位之重要。在京都，銷售日式煎蛋三明治的咖啡店、喫茶店可不少，各有其獨到之處。試過了數家名店後，我則偏好到「やまもと喫茶」（Yamamoto Kichya）享受這份能夠代表京都早餐的一餐。

理由有下：一，やまもと喫茶是最符合早餐時段的少數店家，且營業時間最早。雖然大家都把日式煎蛋三明治視為早餐，可是不少店家到了十點、十一點才營業，早餐都快成了早午餐。二，用餐兼具視覺享受。坐落於白川畔的やまもと喫茶不似許多老式的喫茶店呈現昏黃的氣氛，整體明亮灑落，店內還有兩個面對白川的座位，春天時就有櫻花可賞。三，鬆軟滑嫩的煎蛋，當然是最最重要的吸引力。店家在白土司上頭塗上了美奶滋，擺上了薄切小黃瓜片，又讓夾在土司中的煎蛋顯得更滑嫩了，加上一旁附上的生菜，論美味論營養都無懈可擊。

やまもと喫茶

地址——京都市中京区西ノ京南原町37-2
電話——075-531-0109
營業時間——07:00~17:30

不是日式醬菜、白飯，一杯咖啡和日式煎蛋三明治所組成的和洋滋味，才是京都人最道地的日常風景。

和千餘年前天皇
同樣鳥瞰京都市景

青蓮院 將軍塚 青龍殿

99

想一覽京都盆地之美？想站在歷史場景的舞台？青蓮院將軍塚青龍殿能滿足這些需求。據說桓武天皇在一千二百年前遷都平安京（現京都）時，就站在位於東山山頂的的將軍塚鳥瞰整個京都盆地。此後，為了消除災厄、鎮守城市，他還將陶土做的將軍像封埋於此，於是才有將軍塚的名稱。

或許位於山頂、交通並不便利，將軍塚的遊客並不多。除了可從青蓮院步行一段四十分鐘的不輕鬆的山徑而至，假日則可利用公車往返市區，否則就得花費約一千日圓搭計程車了（單程）。

將軍塚是歷史中場景，而一旁的青龍殿則是二〇一四年才建造完成的新廟，但若外人因為其落成時間而將之視為「新品」，可又有點不甚正確。原來青蓮院住持，是為了搶救一九一四年所建的「平安道場」才創立青龍殿的。由於平安道場老舊腐朽面臨拆除命運，但在住持奔走下，花

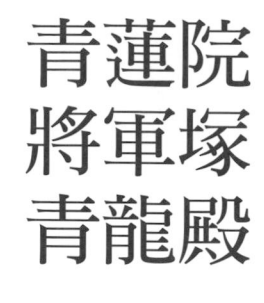

了三年與政府交涉、並將其解體運往東山山頂，又再獲得取可，前後花了近六年才讓老建築重新盤據山頭，成為今日所見的青龍殿。

緊連著青龍殿的大舞台也很有看頭，盤據在山壁斜坡上，面積比清水舞台還大上近五倍，使用的材料全是珍貴的檜木。站在舞台邊緣，可以眺望整個京都市景。京都每年夏末的「五山送火」祭典，也能在這舞台一口氣飽覽大、妙法、左大文字、船型、鳥居等（編按：過往京都市區最多能看到除了鳥居外的四個送火）。不少人特別在夜間開放時前來欣賞夜景，楓紅的夜晚和賞櫻季這兒也很受歡迎。

青蓮院將軍塚青龍殿

地址──京都府京都市山科区厨子奥花鳥町28
電話──075-771-0390
開放時間──09:00~17:00

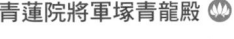

北野天滿宮市集

逛不完、買不停的舊貨寶庫

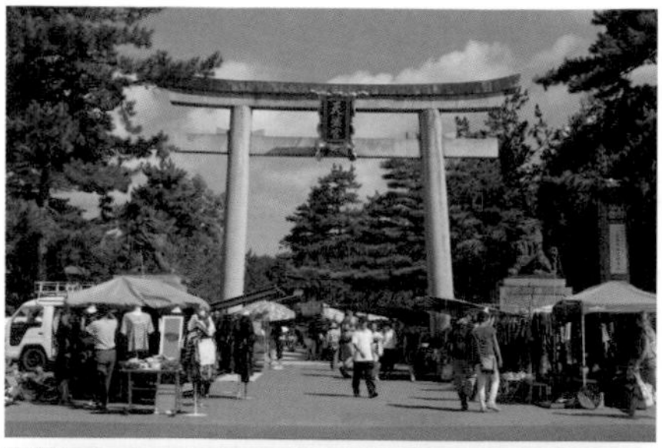

北野天滿宮市集

地址——京都市上京区馬喰町
電話——075-461-0005
活動時間——每月25日，0600～1600

真正造訪北野天滿宮市集前，我已經逛遍京都大大小小的市集。東市弘法市集是最早接觸的一個，不過隨著觀光客的日益增多，似乎連販售的舊貨也都漸漸地改變了。就我而言，其魅力已稍微減弱。北野天滿宮市集倒出乎我意料的有趣，沿著參道、寺廟周遭道路的攤商多到滿溢，一個上午好像也不怎麼夠用。你若是喜愛掏寶舊貨，這兒肯定稱得上天堂。衣服、陶藝、布料、玻璃，就連意想不到從印度來的印花鐵工具也都有。

北野天滿宮稱這個每月二十五日舉辦的市集為結緣日，由來是這兒恭奉的學問之神菅原道真公誕生在六月二十五日，仙逝於二月二十五日。事實上，逛市集之餘，北野天滿宮也很值得一探，這是全日本萬餘所天滿宮的發源地。在二月二十五日的梅季，和神菅原道真公誕生的六月二十五日都有額外的活動可參與。

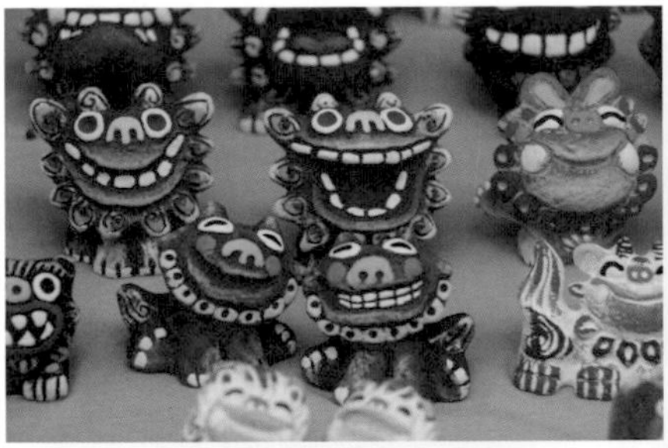

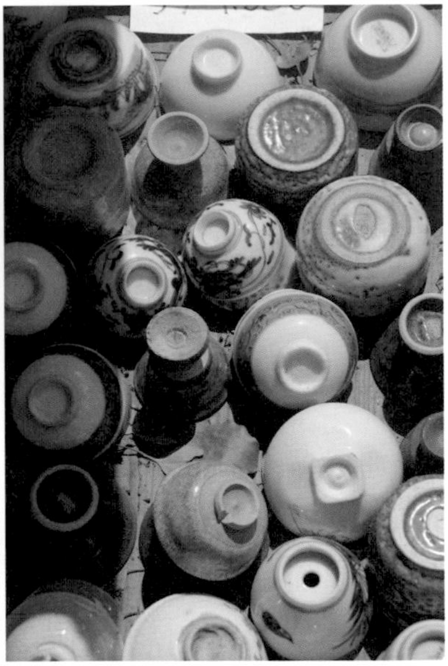

由於規模盛大，愛逛舊貨市集的人來到一個月一次的北野天滿宮市集，定能有不少收穫。

私・京都100選地圖

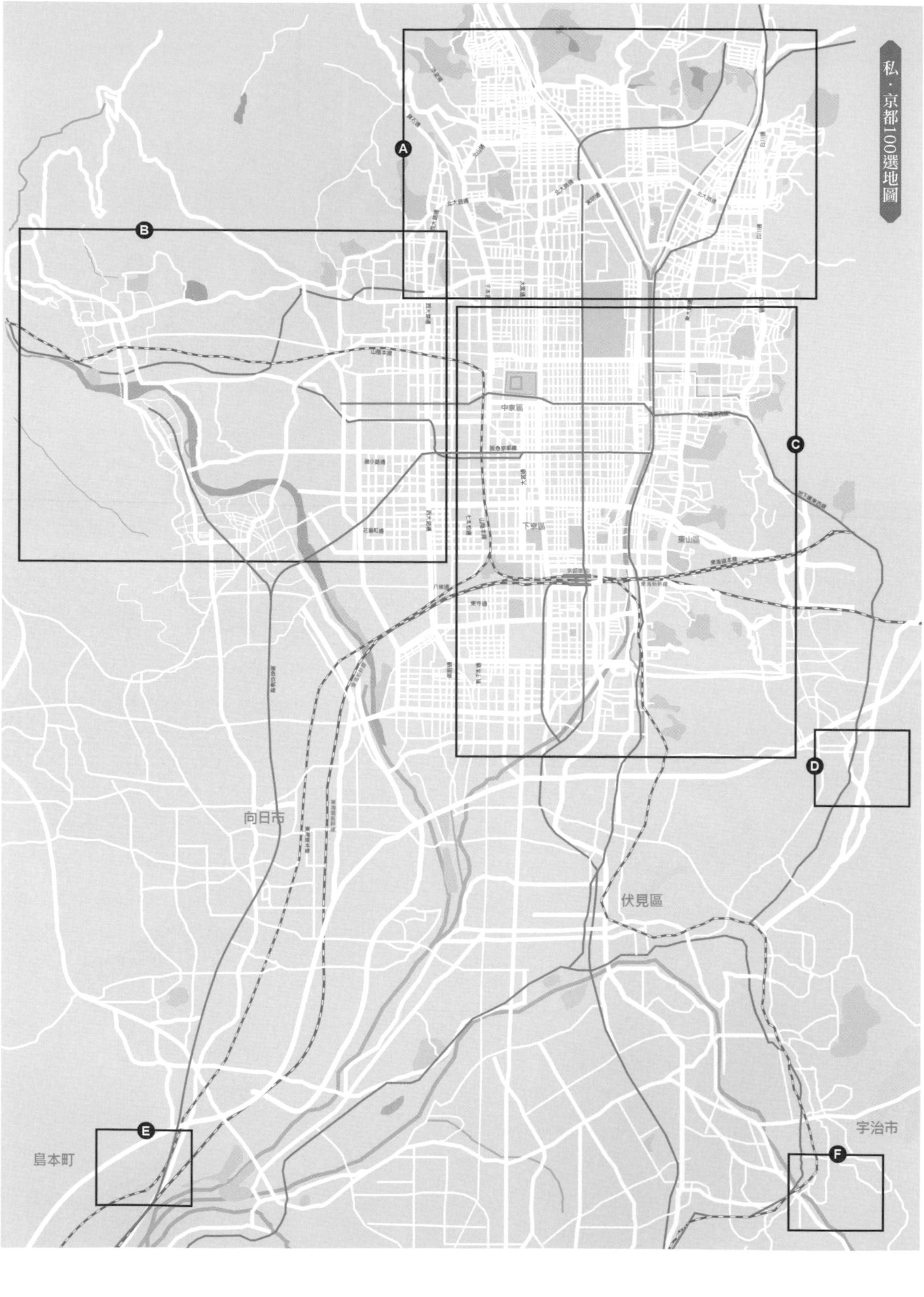

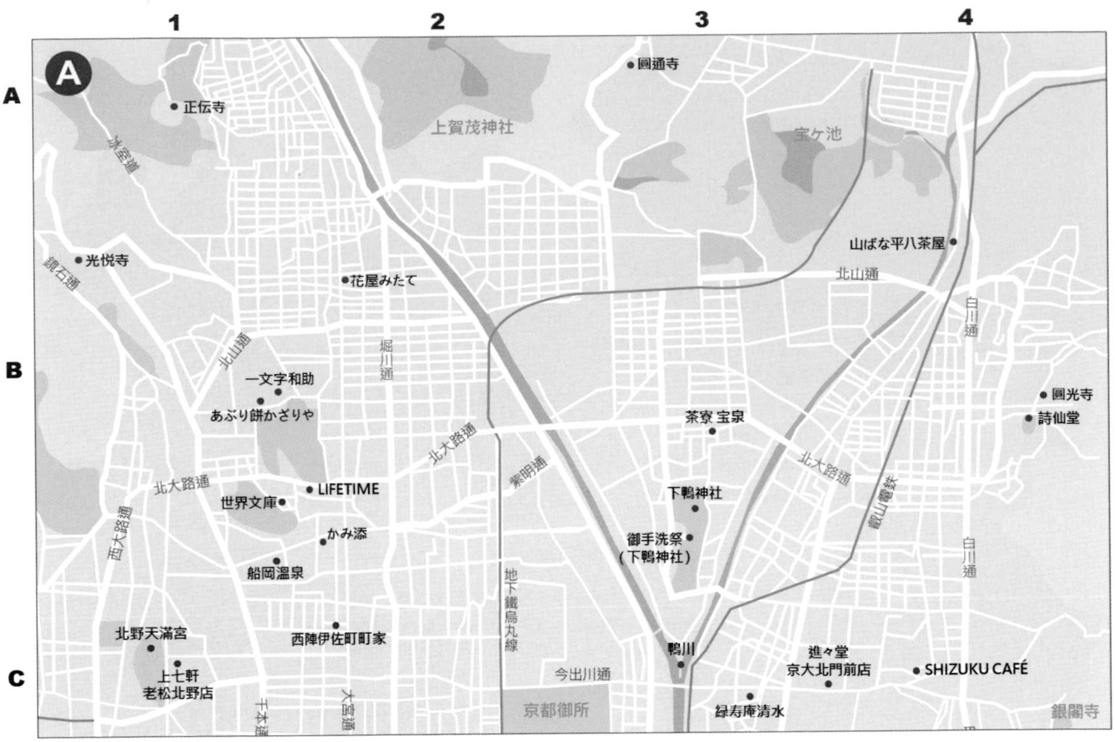
A
正伝寺
冰室通
上賀茂神社
圓通寺
宝ケ池
山ばな平八茶屋
光悦寺
鏡石通
花屋みたて
北山通
白川通
北山通
堀川通
一文字和助
あぶり餅かざりや
茶寮 宝泉
圓光寺
詩仙堂
北大路通
北大路通
紫明通
LIFETIME
世界文庫
下鴨神社
北大路通
叡山電鉄
西大路通
かみ添
御手洗祭（下鴨神社）
船岡温泉
地下鐵烏丸線
北野天滿宮
西陣伊佐町町家
鴨川
進々堂
京大北門前店
SHIZUKU CAFÉ
上七軒
老松北野店
今出川通
千本通
大宮通
京都御所
緑寿庵清水
銀閣寺

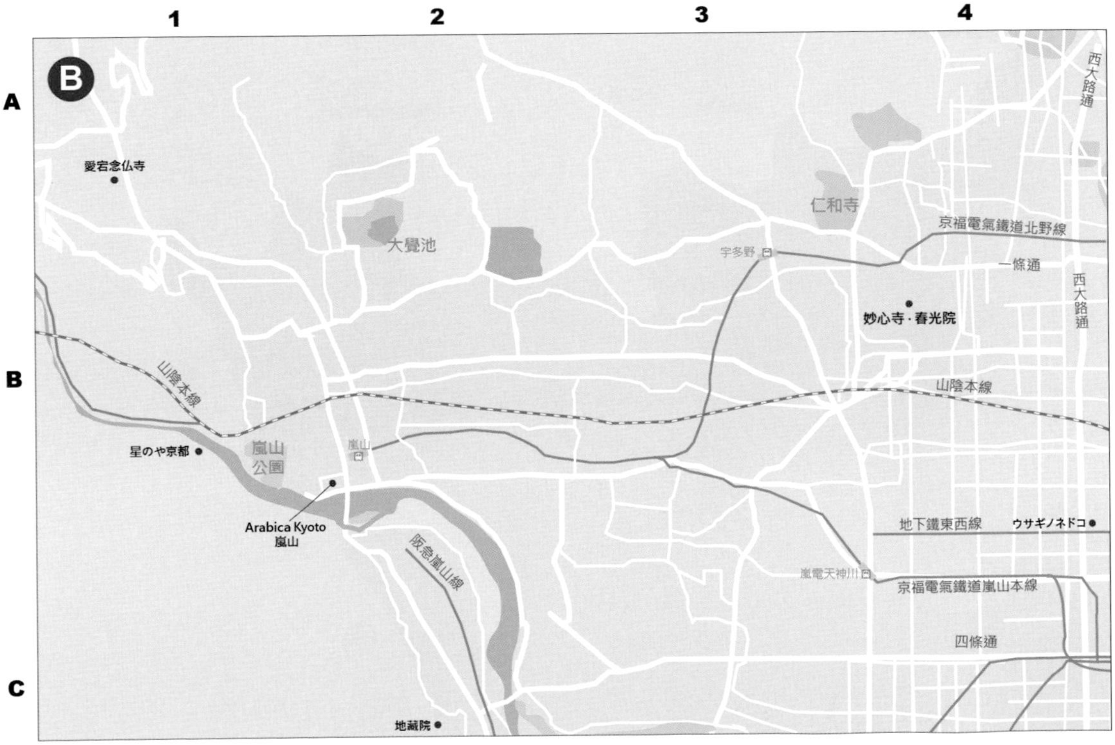
B
愛宕念仏寺
仁和寺
大覺池
京福電氣鐵道北野線
宇多野
一條通
妙心寺・春光院
西大路通
山陰本線
山陰本線
星のや京都
嵐山公園
嵐山
Arabica Kyoto
嵐山
地下鐵東西線
ウサギノネドコ
阪急嵐山線
嵐電天神川
京福電氣鐵道嵐山本線
四條通
地藏院

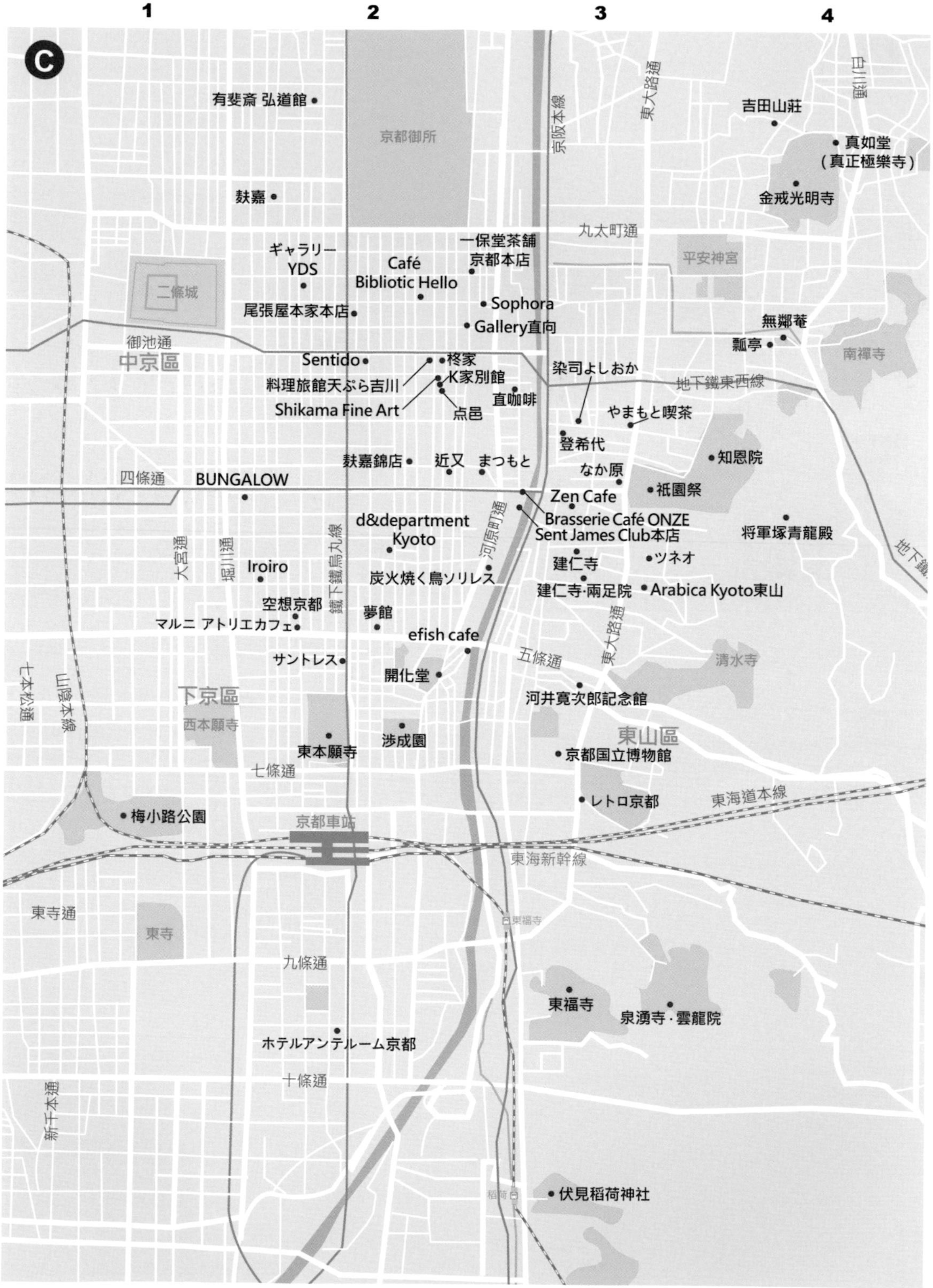
C
1
2
3
4
A
B
C
D
有斐斎 弘道館
京都御所
京阪本線
東大路通
吉田山莊
真如堂
（真正極樂寺）
金戒光明寺
白川通
麩嘉
丸太町通
平安神宮
ギャラリー
YDS
二條城
Café
Bibliotic Hello
一保堂茶舗
京都本店
Sophora
Gallery直向
尾張屋本家本店
無鄰菴
瓢亭
南禪寺
御池通
中京區
Sentido
柊家
料理旅館天ぷら吉川
K家別館
Shikama Fine Art
点邑
直咖啡
染司よしおか
地下鐵東西線
やまもと喫茶
登希代
麩嘉錦店
近又
まつもと
知恩院
なか原
四條通
BUNGALOW
Zen Cafe
祇園祭
Brasserie Café ONZE
Sent James Club本店
d&department
Kyoto
河原町通
将軍塚青龍殿
大宮通
堀川通
鐵下鐵烏丸線
Iroiro
建仁寺
ツネオ
炭火焼く鳥ソリレス
建仁寺·両足院
Arabica Kyoto東山
空想京都
マルニ アトリエカフェ
夢館
efish cafe
五條通
清水寺
サントレス
開化堂
河井寬次郎記念館
七本松通
山陰本線
下京區
西本願寺
東本願寺
涉成園
東山區
京都国立博物館
七條通
レトロ京都
東海道本線
梅小路公園
京都車站
東海新幹線
東寺通
東寺
東福寺
九條通
東福寺
泉湧寺·雲龍院
ホテルアンテルーム京都
十條通
新千本通
稲荷
伏見稲荷神社
地下鐵

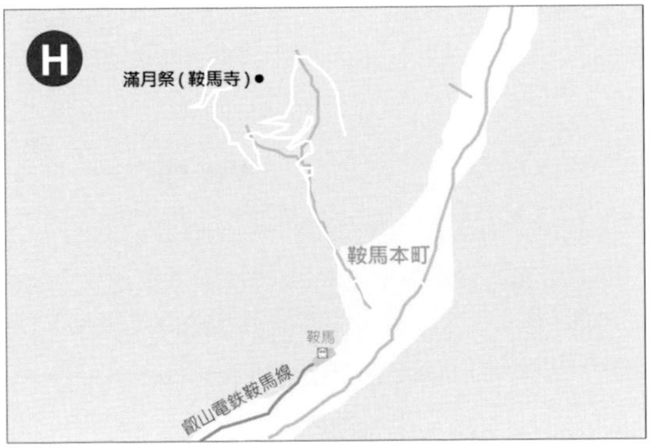

《私 · 京都 100 選》線上地圖，詳見

酒吧

K家別館 Ⓒ B-2—— P.100
Sent James Club本店 Ⓒ B-3—— P.101

旅館

柊家 Ⓒ A-2—— P.045
星のや京都 Ⓑ B-1—— P.048
近又 Ⓒ B-2—— P.124
吉田山莊 Ⓒ A-4—— P.163
ホテル アンテルーム京都
（Hotel Anteroom Kyoto） Ⓒ D-2—— P.172
西陣伊佐町町屋 Ⓐ C-2—— P.193

景點

鴨川 Ⓐ C-3—— P.022
無鄰菴 Ⓒ A-4—— P.024
船岡溫泉 Ⓐ B-2—— P.032
涉成園 Ⓒ C-2—— P.091
梅小路公園 Ⓒ C-1—— P.096
大文字山頂—— P.122
伊根町舟屋—— P.185
和束町—— P.187

商店

レトロ京都（Retro Kyoto） Ⓒ C-3—— P.029
開化堂 Ⓒ C-2—— P.078
麩嘉本店 Ⓒ A-1—— P.110
麩嘉錦店 Ⓒ B-2—— P.110
染司よしおか（染司Yoshioka） Ⓒ B-3—— P.115
夢館 Ⓒ B-2—— P.137
空想京都 Ⓒ B-2—— P.148
花屋みたて（Hanayamitate） Ⓐ B-2—— P.159
かみ添（Kamisoe） Ⓐ B-2—— P.165
LIFETIME Ⓐ B-2—— P.167
世界文庫 Ⓐ B-2—— P.169

祭典、活動

祇園祭 Ⓒ B-3—— P.054
五山送火—— P.145
滿月祭 Ⓗ—— P.154
御手洗祭 Ⓐ C-3—— P.222
北野天滿宮市集 Ⓐ C-1—— P.230

藝廊、博物館

Sophora Ⓒ A-3—— P.028
有斐　弘道館 Ⓒ B-2—— P.030
Gallery直向 Ⓒ B-2—— P.034
京都國立博物館 Ⓒ C-3—— P.036
Shikama Fine Art Ⓒ B-2—— P.102
アサヒビール大山崎山荘美術館
（朝日大山崎山莊美術館） Ⓔ—— P.112
河井寬次郎記念館 Ⓒ C-3—— P.118
ギャラリーYDS（Gallery－YDS） Ⓒ A-2—— P.170

服務、交通

MKタクシー（MK Taxi）—— P.136
免費無線網路—— P.147

書籍

《京都器皿散步》—— P.019
《A Private Kyoto Travelogue：詩仙堂》—— P.063
《書中的京都》（本の中の、京都）—— P.063

● 本書所載之活動、餐飲、住宿及店家相關資訊，有時會因季節、時程等情況而有所變動，建議您出發前請先上網或去電再確認。

寺廟

咖啡館、茶館

餐廳

甜點店

Colorful 042　**私・京都100選**　9位京都在地通不藏私推薦・買、吃、逛、遊、住必訪景點

作者／徐銘志　攝影／徐銘志　選書責編／何宜珍　特約編輯／連秋香　美術設計／謝富智　地圖繪製／郭志龍　版權部／翁靜如、吳亭儀、黃淑敏　行銷業務／林彥伶、石一志　總編輯／何宜珍　總經理／彭之琬　發行人／何飛鵬　法律顧問／台英國際商務法律事務所　羅明通律師　出版／商周出版　臺北市中山區民生東路二段141號9樓　電話:(02) 2500-7008　傳真:(02) 2500-7759　E-mail: bwp.service@cite.com.tw　發行／英屬蓋曼群島商家庭傳媒股份有限公司城邦分公司臺北市中山區民生東路二段141號2樓　讀者服務專線／0800-020-299　24小時傳真服務:(02)2517-0999　讀者服務信箱E-mail:cs@cite.com.tw　劃撥帳號／19833503　戶名:英屬蓋曼群島商家庭傳媒股份有限公司城邦分公司　訂購服務／書虫股份有限公司客服專線:(02)2500-7718;2500-7719　服務時間:週一至週五上午09:30-12:00;下午13:30-17:00　24小時傳真專線:(02)2500-1990;2500-1991　劃撥帳號:19863813　戶名:書虫股份有限公司　E-mail:service@readingclub.com.tw　香港發行所／城邦(香港)出版集團有限公司　香港灣仔駱克道193號東超商業中心1樓　電話:(852) 2508 6231傳真:(852) 2578 9337　馬新發行所／城邦(馬新)出版集團　Cité (M) Sdn. Bhd. (458372U)　11, Jalan 30D/146, Desa Tasik, Sungai Besi,57000 Kuala Lumpur, Malaysia.　電話:603-90563833　傳真:603-90562833　行政院新聞局北市業字第913號　印刷／卡樂彩色製版印刷有限公司　總經銷／聯合發行股份有限公司　電話:(02)2917-8022　傳真:(02)2911-0053　2016年(民105)11月03日初版　2018年(民107)06月08日初版7刷　Printed in Taiwan　定價360元　　商周部落格:http://bwp25007008.pixnet.net/blog　ISBN 978-986-477-100-4　城邦讀書花園

私・京都100選／徐銘志文字.攝影. -- 初版. -- 臺北市：商周出版：家庭傳媒城邦分公司發行, 民105.11 240面；17cm*23cm公分
ISBN 978-986-477-100-4(平裝) 1.旅遊 2.日本京都市　731.75219　105016435　※本書使用環保大豆油墨印刷。